COLOMBIA ES COLOR

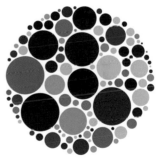

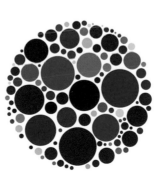

COLOMBIA

 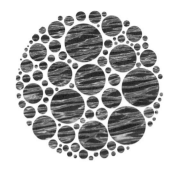 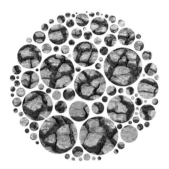

ES COLOR

 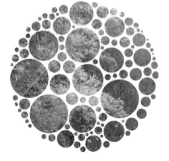 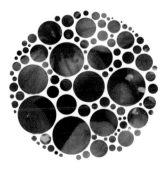

Libro creado, desarrollado y editado
en Colombia por
VILLEGAS ASOCIADOS S.A.
Avenida 82 n.º 11-50, Interior 3
Conmutador (57-1) 616 17 88, fax (57-1) 616 00 20
Bogotá D. C., Colombia
e-mail: informacion@villegaseditores.com

© Villegas Editores 2008

Dirección, diseño y edición
Benjamín Villegas

Departamento de Arte
Adriana Botero
Giovanna Monsalve

Pie de fotos
Juan David Giraldo
Carolina Jaramillo Seligmann

Todos los derechos reservados por el editor
Primera edición, noviembre de 2008
Primera reimpresión, abril de 2009
Segunda reimpresión, noviembre de 2010
Tercera reimpresión, junio de 2012
Cuarta reimpresión, mayo de 2014
Quinta reimpresión, junio 2017
ISBN 978-958-8306-23-0

VillegasEditores.com

COLOMBIA
8

BLANCO
24

ROSADO
120

AMARILLO
48

ROJO
96

NARANJA
72

NEGRO
276

MORADO
144

CAFÉ
252

AZUL
168

OCRE
228

VERDE
192

Colombia ha sido una constante en mi
vida editorial. Basta revisar el catálogo de la
editorial para advertir el tamaño de dicha afirmación:
*Colombia desde el aire, Colombia inédita, Colombia panorá-
mica, Colombia 360º, Colombia secreta* son algunos de los primeros
libros que se me vienen a la cabeza, en los cuales la importancia del
país es visible desde el mismo título.
Eso, sin embargo, no ha sido todo. También he querido remitirme a otros
ámbitos para captar la inagotable riqueza nacional: *El sabor de Colombia,
La vida en Colombia, Jardines de Colombia, Casa de campo en Colombia,* entre
otros, donde cada uno fue realizado bajo un enfoque temático y de comunicación
precisa sobre un aspecto cultural. Ahora viene a sumarse a esa extensa muestra un
nuevo libro titulado *Colombia es color*, donde las múltiples virtudes cromáticas de
un territorio único, tan diverso como sorprendente, saltan a la vista.
En este caso he querido agrupar los distintos lugares y las distintas gentes bajo
la caprichosa categoría del color, acaso uno de los rasgos más definitorios del paisaje colombiano. Asimismo he pretendido mostrar, con esta selección fotográfica
—como en una especie de abanico multicolor, de arco iris deslumbrante—, la
verdadera dimensión de un país privilegiado, donde los recursos naturales,
la fauna y la flora juegan a su vez un papel determinante en términos de
forma y de color. En otras palabras, he intentado satisfacer una vieja
obsesión que me ha acompañado por muchos años: mirar el país
con esta óptica diferente del color.

BENJAMÍN VILLEGAS

COLOMBIA

DE TODOS LOS COLORES

Es abrumadora la diversidad de colores
cuando se observa el deslumbrante paisaje colombiano. En los 32 departamentos, en las poderosas
cordilleras Occidental, Central y Oriental, en los océanos Atlántico y Pacífico, la inmensa muestra cromática se presenta con la
contundencia —si lo cromático, desde luego, fuera lo representativo— de
una gran obra de arte.

De todos los colores, está claro que el color verde es el más sobresaliente. Cu-
riosamente, este color no se encuentra en la bandera nacional, el símbolo por ex
celencia en el cual resalta lo cromático con mayor viveza y cuyo origen se remonta
al 12 de marzo de 1806. Aquel día lejano e inaugural, durante la invasión a la población
venezolana de Coro, a bordo del velero o bergantín Leandro, el precursor Francisco de
Miranda ondeó por primera vez, con serena distinción, el tricolor amarillo, azul y rojo.
Acerca del significado de los colores nacionales, hay muchas versiones que no han su-
cumbido ante el olvido. Empezando por las encendidas palabras (palabras coloridas,
dijéramos) que Francisco Antonio Zea pronunció en el Congreso de Angostura en
1819: "Nuestro pabellón nacional, símbolo de las libertades públicas, de la América
redimida, debe tener tres franjas de distintos colores: sea la primera amarilla,
para significar a los pueblos que queremos y amamos la federación; la segunda
azul, color de los mares, para demostrar a los déspotas de España, que nos
separa de su yugo ominoso la inmensidad del océano, y la tercera roja,
con el fin de hacerles entender a los tiranos que antes de aceptar
la esclavitud que nos han impuesto por tres siglos, queremos
ahogarlos en nuestra propia sangre, jurándoles guerra
a muerte en nombre de la humanidad".

Otras versiones menos acaloradas señalan
que los colores amarillo y rojo fueron tomados
de la bandera española; el azul, por cierto, se introdujo
para significar la distancia con la madre patria. Pero hay otras
versiones; hay incluso una que refiere —realmente parece una mur-
muración de alcoba— que Miranda tomó esos tres colores como un gesto
de gratitud hacia la emperatriz Catalina de Rusia, su amiga: el amarillo (sus
cabellos), el azul (sus ojos) y el rojo (sus labios).
En cuanto a la versión oficial, que es la que circula por el imaginario colectivo, el significado vendría siendo el siguiente: el amarillo representa la soberanía, la armonía,
la justicia, la abundancia y la riqueza del suelo; el azul simboliza el mar, los dos océanos sobre los que Colombia tiene costas; y el rojo representa la sangre, la vida, el amor,
el poder, la fuerza y el progreso.
A lo mejor hay, en esa última versión, una palabra clave. Esa palabra es la palabra riqueza. Esa quizá sea la que mejor define las cualidades cromáticas del cautivador paisaje
colombiano. Por eso no resulta tan odioso compararla —si lo cromático, recalquemos,
fuera lo representativo— con una obra de arte.
Con un gran fresco, pensemos. Con un gran fresco donde converjan varios ele-
mentos: las distintas regiones naturales, las muchas atracciones turísticas, los
demasiados ritmos musicales y la gastronomía distintiva de cada lugar.
Y los colores, por supuesto, que ya han aparecido en el recorrido
previo a la elaboración de la obra. El recorrido, al menos en esta
ocasión, empieza en la región Caribe.
Situada al norte de los Andes, esta llanura vigorosa
termina en la Sierra Nevada de Santa Marta

y es la cadena montañosa más grande y sobrecogedora de Colombia. Cuenta con la belleza descomunal de los picos Cristóbal Colón y Simón Bolívar, dos verdaderos emblemas de las alturas y del blanco puro que reposa en sus cumbres.

La región Caribe se encuentra marcada por el asombroso delta del Magdalena y posee un significativo litoral —el más alto del mundo— que se extiende desde el golfo de Urabá hasta el golfo de Venezuela. Primordialmente plana, la región se caracteriza por su variedad ecológica: en su ecosistema se puede apreciar la vistosa selva de la región del golfo de Urabá o el imponente bosque seco de La Guajira.

Este departamento está dividido a su vez en alta, media y baja Guajira. Decididamente desértico, el territorio está bañado por los ríos Ranchería, Carraipía, Palomino y Jerez. Con temperaturas entre 27 y 30 °C, La Guajira tiene una población compuesta por mestizos, blancos, indígenas y afrocolombianos.

Entre sus atracciones turísticas más renombradas están el Santuario de Fauna y Flora Los Flamencos —con el atractivo natural de las ciénagas de Manzanillo, Laguna Grande o Tocoromanes, y con el atractivo plumaje rosado de los flamencos—; el Parque Nacional Natural Serranía de La Macuira —con un ecosistema, en absoluto desértico, donde confluyen las montañas y los bosques y los nacimientos de agua para gracia de los tigrillos y micos y venados y guacharacas y azulejos que pueblan la zona—; y el cabo de la Vela —con sitios tan llamativos como el Faro y el cerro Pilón de Azúcar, este último con un especial significado mitológico para los wayuu, pues ellos creen

que al morir sus almas pasan por ese sitio—, donde las extensas playas doradas están
enmarcadas en el azul profundo del mar.

En el recorrido por la región Caribe hay otras atracciones: los
famosos corales de las islas del Rosario, la insigne Ciénaga Grande de Santa Marta, el universalmente turístico Parque Nacional Natural
Tayrona o el bello Santuario de Fauna y Flora Los Colorados.

Y la música, la música que no puede faltar, la música con las gaitas y los tam-
bores y las maracas de la cumbia o el porro. En los bailes anuales, las mujeres
visten faldas o polleras, llevan candongas, un pañuelo en la cabeza y un fuerte ma-
quillaje que nunca pasa desapercibido; los hombres, por su parte, visten de blanco
celestial, con el pantalón arremangado y el famoso sombrero vueltiao.

En los necesarios terrenos de la gastronomía, la comida típica es el sancocho de sábalo
o bocachico, en trozos gruesos, con dos cabezas de pescado grande, yuca, plátano verde, plátano amarillo, leche de coco, limón, guiso, tomillo molido, sal y pimienta, todo el
colorido puesto sobre la mesa. Y así, de la región Caribe a la región Andina.

Si bien hacia el sur, los Andes conforman una cordillera con vertiginosos picos
volcánicos, hacia el norte, en los nudos de Pasto y Almaguer, se dividen en tres
cordilleras: Occidental, Central y Oriental.

La cordillera Central está separada de la Occidental por una falla geo-
lógica entre el río Patía —el más largo del litoral pacífico colombiano
y de Suramérica— y el río Cauca, que nace en el esplendoro-
so páramo de Sotará, en el Macizo Colombiano, un área
estratégica tanto en el ámbito nacional como internacional en virtud de la producción de agua;

por esa razón es conocido con el nombre de "estrella hídrica".

La cordillera Oriental, por su parte, se separa paulati-
namente hacia el este, creando la cuenca del río Magdalena,
sin duda la ruta fluvial más importante de Colombia. Gran reserva
de hidrocarburos, con una posición significativa en la época precolombina, la Conquista y las luchas independentistas, el río Magdalena ha sido
motivo de canciones y leyendas y conflictos armados. Acaso la descripción
más memorable de su temperamento torrencial aparezca en la novela *El general
en su laberinto* de Gabriel García Márquez: "El calor se volvía intolerable durante
el día y el alboroto de los micos y los pájaros llegaba a ser enloquecedor, pero las
noches eran sigilosas y frescas. Los caimanes permanecían inmóviles durante horas
en los playones, con las fauces abiertas para cazar mariposas. Junto a los caseríos
desiertos se veían las sementeras de maíz con perros en hueso vivo que ladraban al
paso de las embarcaciones, y aun en despoblado había trampas para cazar tapires y
redes de pescar secándose al sol, pero no se veía un ser humano".

Finalmente, la cordillera Oriental se extiende hacia el noroeste y alcanza su mayor altitud en Boyacá, formando la Sierra Nevada del Cocuy antes de entrar
al territorio venezolano, donde adquiere el nombre de cordillera de Mérida.

Con una gran diversidad climática, la región Andina no cuenta con un
grupo de pobladores predominante: paisas, santandereanos, opitas,
vallunos, pastusos y cundiboyacenses comparten un territorio
marcado por el fragor de la historia.

En el altiplano cundiboyacence están la laguna de
Guatavita —con el oro de la inolvidable

leyenda retumbando en la memoria—, los Cojines del Zaque, el Pozo de Donato, el histórico puente de Boyacá, donde se llevó a cabo la batalla que selló la independencia del país el 7 de agosto de 1819; en ese espacio también se dio el célebre encuentro entre Gonzalo Jiménez de Quesada, Sebastián de Belalcázar y Nicolás de Federmann en 1538. En agricultura, por lo demás, se destacan los cultivos de papa, maíz, trigo, cebada o soya.

En el departamento de Nariño hay altas temperaturas, lluvias abundantes y una vegetación exuberante. Los destinos turísticos son variados: el vibrante Santuario de Las Lajas, la apacible y hermosa laguna de la Cocha, la turbadora isla La Corota, el rígido nevado y la laguna de Cumbal, el auténtico nudo de los Pastos, las saludables aguas termales de Ipiales y La Cruz, la ventajosa isla de Tumaco, la venerable playa de Bocagrande, el imperturbable Parque Nacional Natural de Sanquianga y los ya renombrados santuarios de flora y fauna Galeras.

En su gastronomía sobresalen los hervidos, el jugo de frutas con agua de arroz, el bizcochuelo nariñense, el mostachones, el ají de queso, las empanadas de añejo, los lapingachos, el cuy o el lomo biche encebollado. Como es tradicional, en la primera semana de enero se celebra el Carnaval de Blancos y Negros.

El Valle del Cauca ha sido cuna de grandes artistas: Omar Rayo, Enrique Buenaventura, Gustavo Álvarez Gardeazábal, Andrés Caicedo o Jorge Isaacs. El siguiente fragmento de *Érase una vez Colombia* (Villegas Editores), de William Ospina, describe bien la topografía del departamento: "Así llega el descenso hacia el Valle del Cauca, otra vez a la luz violenta del trópico,

anchas llanuras cortadas a lo lejos por el
muro azul y remoto de los farallones del oeste,
la cordillera vertical de paredes de basalto detrás de
la cual se agitan las tormentas del Pacífico. Este es el valle de la
María de Jorge Isaacs, que no es sólo el relato de un amor románti-
co, sino una descripción minuciosa de lo que fueron los paisajes de esta
región de América a finales del siglo XIX, de lo que era la vida de las grandes
haciendas, de sus campesinos, los azares de la cacería de los tigres, la lucha de
los seres humanos en la desaforada naturaleza, los jinetes que cruzan a mediano-
che los ríos crecidos, los que descienden por los cañones del río Dagua, entre enormes peñascos, musgos, helechos y aguas purísimas, viniendo a buscar el valle desde
el muelle escondido de Buenaventura, el principal puerto sobre el Pacífico".
En el Huila, entre muchas otras maravillas, se encuentra el opulento Parque Arqueológico de San Agustín, uno de los más importantes espacios arqueológicos de Colombia
y declarado por la Unesco como patrimonio de la humanidad en 1995. En este departamento, además, están el Parque Nacional Natural Puracé, el Parque Nacional
Natural Cueva de los Guácharos, la admirable represa de Betania, el venturoso
y sosegado desierto de la Tatacoa y el temperamental nevado del Huila.
Por su parte Tolima se puede vanagloriar de ser la región musical de Colombia:
ahí están las fiestas de San Pedro en el Espinal, de San Juan en Natagaima
y el Festival Folclórico Colombiano y el Concurso de Duetos Garzón
y Collazos en Ibagué.
El departamento de Santander, por otro lado, cuenta con
una economía basada en el petróleo, el oro y la energía eléctrica. Entre los lugares turísticos más

representativos están Barichara —con las
fachadas blancas de sus casas y sus atardeceres
encendidos, dignos de una postal absoluta en homenaje
a la antigua belleza colonial—, el discreto encanto de San Gil,
el impetuoso y atemorizador cañón del Chicamocha y el nudo de
Santurbán, que luego se convierte en la serranía de los Motilones. De su
culinaria vale la pena mencionar las hormigas culonas, el mute, los tamales,
el cabrito o la pepitoria.

Desde el punto de vista geográfico, hablar de Antioquia es hablar de montaña:
80% de su territorio es extremadamente montañoso; Medellín, no en vano, ha sido
llamada Capital de la Montaña. Sin embargo, el 20% restante del territorio está con-
formado por áreas planas. El inmenso valle de Aburrá, el magnético altiplano de Santa Rosa de Osos, el atractivo valle de Rionegro, el estratégico y exuberante Parque
Nacional Natural Paramillo y el moderadamente pintoresco Parque Nacional Natural
Las Orquídeas hacen parte de su atractivo turístico.

Como factores de desarrollo de su economía se pueden mencionar la minería, la
ganadería vacuna y los servicios financieros. Adicionalmente, la producción y distribución de energía eléctrica, las minas de oro, carbón y platino y la industria textil
complementan su potencial económico.

Una panorámica del aeropuerto José María Córdova —sin contar el metro
y el metrocable de la capital antioqueña— sería apenas una buena
muestra de los sistemas de transporte que posee.

De los muchos artistas nacidos en esa tierra, se podrían recor-
dar los nombres de Fernando Botero, Débora Aran-
go, Rodrigo Arenas Betancourt, Baldomero

Sanín Cano, Estanislao Zuleta o Manuel
Mejía Vallejo, entre muchos otros. Los bambu-
cos, pasillos, valses criollos y canciones, así como un am-
plio repertorio latinoamericano de tangos, boleros y rancheras,
se suman al repertorio musical de la región. Asimismo, el Teatro Me-
tropolitano de Medellín, el Teatro Pablo Tobón Uribe, el Teatro Porfirio
Barba Jacob señalan claramente su vitalidad en este campo de las artes.
En este punto, el recorrido llega entonces a la región Pacífica. Ubicada hacia el
occidente y dividida en dos gigantescas zonas marcadas por el cabo Corrientes,
esta región limita al norte con Panamá, al sur con Ecuador, al oriente con la cordillera Occidental de los Andes y al occidente con el océano Pacífico, del que toma su
nombre. Posee una gran riqueza ecológica, hidrográfica, minera y forestal.
Predominan en el relieve las animosas serranías del Baudó y el Darién, además de
los valles de los ríos Atrato, Baudó y San Juan, reconocidos por su poderoso caudal.
Con un clima tropical húmedo, la temperatura oscila entre 28 y 32 °C. Los frecuentes
vientos que llegan del Pacífico cargados de humedad, que chocan contra la cordillera
Occidental y producen precipitaciones fluviales, han situado a la región del Pacífico
como una de las más lluviosas del planeta; en el Chocó llueve durante dos terce-
ras partes del año; esas precipitaciones aumentan el caudal de los ríos y crean
una vegetación de selva ecuatorial.
El Chocó, por lo demás, es el único departamento colombiano con costas en el océano Pacífico y el océano Atlántico. Compuesto por
negros o afrocolombianos en su mayoría, cuenta con tres
importantes parques naturales de indescriptible valía:
Katíos, Utría y Tatamá.

Dentro de los lugares turísticos más llamativos para los extranjeros se encuentran Nuquí, Quibdó y Bahía Solano, cuyo contrastante colorido se graba en la memoria de los visitantes. En este mismo sentido vale la pena mencionar lugares tan memorables, con una perfecta dosis de belleza natural, como bahía Humboldt, cabo Corrientes, el Alto Puna o el Tapón del Darién, que fue reconocido por la Unesco en 1983 como patrimonio de la humanidad y reserva de la biosfera en virtud de su riqueza forestal, animal e hídrica.

En el ámbito musical, las comunidades negras del Pacífico cuentan con dos destacadas manifestaciones: la chirimía, en el Chocó, y el conjunto de marimba, en el sur del litoral, que tiene una fuerte influencia europea, con rasgos particulares, tanto rítmicos como instrumentales, de la música africana.

En el terreno gastronómico, el sancocho de pargo en leche de coco, el sancocho de gallina criolla o el róbalo a la milanesa, hacen parte de los platos típicos de la zona, sin olvidar el famoso jugo de borojó, fruta insigne del Chocó.

Continuando con el recorrido, aparece ahora la crucial región de la Orinoquia, que abarca básicamente las llanuras orientales del país. Con una economía basada en la ganadería y la extracción de petróleo, esta región jugó un papel determinante en las luchas independentistas.

Uno de sus mayores emblemas es la eximia serranía de la Macarena, que fue la primera reserva natural nacional establecida por ley de la república en 1948 y se constituyó en Parque Natural en 1971. Debido a su altura, la serranía tiene varios pisos térmicos y es un punto privilegiado

donde convergen la fauna y la flora de
la Amazonia, la Orinoquia y los Andes; la inigualable y abundante biodiversidad ha dado como re-
sultado numerosas especies endémicas. Las exóticas selvas
húmedas, los bosques y los matorrales —densos y claros, con una
luminosidad llamativa—, configuran su apasionante ecosistema.
Internacionalmente conocida por la extraordinaria riqueza de caño Cristales, la sierra cuenta con maravillosas cascadas y con incomparables raudales:
Angostura I, en el río Guayabero, y caño Cafre, en cuyos bordes rocosos abun-
dan los petroglifos.

Los Llanos Orientales, por su parte, es una vasta región localizada en la cuenca del
río Orinoco. Es considerado como uno de los ecosistemas más importantes del mundo, con dos estaciones marcadas —la estación de lluvia y la de sequía. Caracterizada
por sus extensas sabanas y su clima intertropical, la importancia económica de los
llanos radica en la calidad de los terrenos, aptos para la ganadería extensiva y para
la agricultura. El escritor Getulio Vargas Barón, en "Amanecer llanero", la describe
así: "Llanura amorosa, diosa del misterio, concubina del silencio, el sol te baña en
luz cuando amanece el día y en la hora del crepúsculo deposita su amoroso
ósculo de colores en el verde esmeralda de tus sabanas, para confundirse
en la quietud augusta de la noche, vigilada desde el infinito, por la luna
de la esperanza celosa".

Precisamente el llanero —palabra que se deriva de los llanos— es
la figura asociada con el jinete que se dedica al cuidado del
ganado en las grandes haciendas de la región; dicha
ocupación se remonta a los tiempos de la

Independencia. En las llanuras, cuya mezcla de colores no tiene parangón, la valentía del hombre llanero se convierte en la memoria de la patria.

El joropo —baile popular de los llanos de Colombia y Venezuela— se caracteriza por el movimiento rápido, a ritmo ternario, con una leve referencia al vals. Indudablemente, representa la forma expresiva más genuina de las manifestaciones de la música colonial.

Aunque es la zona menos poblada del país, la compleja región Amazónica comprende 29% del territorio nacional. A su vez, hace parte de la gran región suramericana de la selva amazónica, la más extensa zona forestal del mundo, compartida por Venezuela, Brasil, Colombia, Ecuador, Perú y Bolivia. Entre los ríos más relevantes se encuentran el río Inírida, cuya llamativa desembocadura queda en el departamento del Guainía; al desembocar en el río Guaviare, sus aguas pierden el color oscuro producido por residuos vegetales y adquieren un color amarillento.

Con un territorio profusamente cubierto de selva, cruzado por ríos largos y caudalosos, con incontables lagunas y zonas pantanosas, el departamento del Amazonas cuenta con una gran riqueza étnica en virtud de las culturas amerindias que resistieron los tiempos de la Conquista y la Colonia.

Dentro de lo más afortunado de su relieve —verdaderas postales con un constante brillo excepcional— se pueden mencionar los fantásticos cerros Cumare y Otare, la exultante sierra de Chiribiquete, la prodigiosa serranía de San José y el solemne Parque Nacional Natural Amacayacu.

En relación con su gastronomía, la variedad es tan amplia como exquisita: capón de ahuyama, pan de arroz, asaduras, picadillo y el ya clásico guarapo.

El pescado, en sus distintas formas, va acompañado por la fariña —harina de yuca que constituye la dieta indígena—, la aguadepanela y la chicha de plátano. Pero eso no es todo. Hay más, mucho más: el casabe, el guiso de tortuga de río —con papas, yuca, tomates, cebolla y hojas de cilantro—, las bolitas de pirarucú o el caimarón.

En esta región, la mujer utiliza una falda a media pierna florida y blusa blanca con cinturones y collares autóctonos; los hombres usan trajes de pescador, pantalones blancos y camisa de color también con collares hechos a mano...

El recorrido por Colombia podría continuar, desde luego. De hecho se podría convertir en un viaje absolutamente interminable. No obstante, el que se ha emprendido en estas páginas —hay, por supuesto, numerosos lugares y destinos turísticos que han sido omitidos por una cuestión de espacio— tiene la modesta pretensión de querer abarcarlo todo; o, al menos, de abarcar lo más representativo de la exclusiva geografía colombiana.

En este punto, pues, debe terminar el recorrido. No sobra decir que en el camino han quedado impactantes representaciones de la diversidad colombiana, todas con sus respectivas características, con sus diversos climas, olores y sabores, con los colores representativos de la interminable riqueza cromática del territorio nacional. A lo mejor, se ha cumplido ya con un aspecto fundamental: recopilar la experiencia necesaria para la elaboración de la gran obra de arte.

Ahora todos podrán elaborar —en una representación mental tan íntima como entrañable— el gran fresco mencionado al principio.

Con una connotación en general positiva, el blanco suele ser el opuesto del negro. Entre su abanico de significados favorables se encuentran la bondad, la inocencia, la pureza, la seguridad, la fe, la limpieza y la virginidad. Asociado con la pérdida de peso, los productos lácteos y bajos en calorías; al blanco se lo relaciona también con hospitales, médicos y esterilidad. Es considerado el color de la perfección y de un inicio afortunado; a lo mejor, por asociación indirecta, a los ángeles se los suele representar con ropas blancas. Color de la nieve y de las nubes limpias y de la paz, también se lo asocia con la inmortalidad. Etimológicamente su nombre viene del alemán *blank*.

El blanco resalta en el impactante plumaje del pavo real albino o en los sombreros artesanales en palma de iraca. Asimismo en el nevado del Ruiz y el nevado del Huila y en las cascadas congeladas de la Cueva de los Frailes en Boyacá.

Volcán nevado del Huila, cordillera Central

Es el pico de la cordillera Central, a 5 360 m.s.n.m., sólo superado en el país por la Sierra Nevada de Santa Marta. El Parque Nacional Natural que lleva el nombre de este volcán nevado posee toda la riqueza biótica de sus pisos térmicos: nival, páramo y bosque andino y altoandino.

Volcán nevado del Huila, cordillera Central

Consta de cuatro cumbres: Pico Norte, La Cresta, Mayor y Pico Sur. Localizado en una de las zonas de mayor precipitación dentro del sistema montañoso colombiano, aquí nace el famoso río Páez que recorre la vertiente oriental de la cordillera Central. Tras años de inactividad este gigante ha vuelto a despertar.

Volcán Galeras, Nariño

La primera erupción histórica de este volcán, que continúa activo, fue
en 1580 a 43 años de la fundación de la ciudad de San Juan de Pasto. En
sus faldas existe un santuario de flora y fauna. En la cima, dentro de un
inmenso círculo, se eleva el cono interno con varios cráteres.

Volcán nevado del Ruiz, cordillera Central

El nevado del Ruiz o Mesa de Herveo tiene 5 400 m.s.n.m., la facilidad de ascenso lo hace el más visitado y famoso del país. Tiene dos cráteres adventicios: La Olleta y el Alto de la Piraña. El principal o Arenas, de 150 metros de profundidad está libre de hielo. El Ruiz se ha mantenido constantemente activo.

Cascada de bosque tropical, Quindío

Es proverbial la riqueza hídrica de nuestro país. Debido a las abundantes lluvias y a su configuración orográfica entre otros factores, Colombia posee una gran cantidad de ríos de enormes dimensiones y caudal. La pluviosidad anual que cae sobre el país se estima en 2 750 mm, el triple del promedio mundial.

Cascada en el volcán nevado del Huila

Esta enorme montaña es también una estrella hidrográfica de gran importancia tanto para los habitantes de la región como para la flora y fauna. Parte de sus quebradas y ríos son tributarios del río Cauca. Otros, como el Saldaña, al aportarle su caudal duplica las aguas del Magdalena.

Santuario del Señor Caído de Monserrate, Bogotá

Cerro tutelar de Bogotá, Monserrate (3 131 metros) está coronado por un templo construido inicialmente en 1657. Su aspecto actual es del siglo XX. Se puede ascender en teleférico, funicular o, siguiendo la tradición bogotana, a pie. El visitante, desde allí, tiene una vista inigualable de la urbe.

Volcán nevado del Tolima

Su altura es de 5 215 m.s.n.m. y es uno de los picos más hermosos y difíciles de ascender por su acentuada inclinación. Forma el macizo volcánico del Ruiz-Tolima de la cordillera Central, con los nevados del Quindío (5 150 metros), Santa Isabel (5 100 metros), El cisne (5 200 metros) y el del Ruiz (5 432 metros), entre otros.

Playa de El Valle, Chocó

Este corregimiento se halla ubicado entre Bahía Solano y el Parque Nacional Natural de Utría. En este rincón del Pacífico colombiano se puede disfrutar del hermoso paisaje tanto terrestre como marino y observar, durante unos meses, la emocionante migración de las ballenas jorobadas.

Parque Natural Tairona, Magdalena

A orillas del mar Caribe y en las estribaciones de la Sierra Nevada, tiene una extensión de 12 000 hectáreas terrestres y 3 000 marinas. En él se encuentran riquísimas flora y fauna así como sitios arqueológicos, pues la zona fue habitada por cazadores nómadas desde hace más de 15 000 años.

Iglesia Santo Domingo, Popayán, Cauca

Sobre las ruinas de la primera iglesia de 1588 se reedificó la actual en 1741.
Fue restaurada tras el terremoto de 1983. El portalón es estilo rococó y
el edificio y la torre son barroco neogranadino, del arquitecto español
Antonio García. De esta iglesia sale la procesión del Viernes Santo.

Salinas de Manaure, departamento de La Guajira

Esta zona de La Guajira bañada por el Caribe es una llanura pedregosa en la que predominan las dunas del litoral y las lagunas marinas donde, gracias al clima semi-árido, los indígenas wayuu extraen la sal. Manaure produce 90% de la sal que consume el país tanto doméstica como industrialmente.

Cóndor en el volcán nevado del Puracé, Cauca

Es el ave más grande de la Tierra. Pesa hasta 12 kilos y sus alas abiertas durante el vuelo miden tres metros. Vive hasta 70 años. El macho se distingue de la hembra por tener una cresta sobre la cabeza. Desde los tiempos precolombinos el cóndor ha sido considerado un animal sagrado.

Paloma de la paz, grafiti en Bogotá

Esta paloma formó parte de miles que fueron pintadas durante la jornada "Artistas por la paz" el 26 de agosto de 1984. Ese día se promovieron movimientos similares en ciudades como Neiva, Medellín y Barranquilla. Aún se puede observar en los cerros de Bogotá por el camino que va a La Calera.

Guacamaya, Leticia, Amazonas

La guacamaya (*Ara sp*), ave propia del trópico americano habita los bosques y selvas septentrionales, llanuras cercanas a ríos y arroyos y la zona alta de los bosques. Se alimenta de frutas, nueces, insectos y vegetales. Según su plumaje se clasifican como *Ara ararauna*, la azul y *Ara macao*, la roja.

Pareja de piqueros enmascarados, isla de Malpelo

En esta isla del océano Pacífico se halla la colonia reproductora más grande del mundo de estos pájaros. Las aves son la población mayoritaria del islote y se han reportado visitas de hasta 60 especies distintas. Esta roca es la cima de la cordillera volcánica submarina Dorsal de Malpelo.

Antiguo observatorio astronómico, Bogotá

José Celestino Mutis ideó su creación como centro de la Expedición Botánica. Obra de fray Domingo de Petrés data de 1803. Tiene forma octagonal, tres cuerpos y la gran bóveda. Fue su director el héroe y sabio Francisco José de Caldas y está ubicado en los predios de la Casa de Nariño.

Cementerio Central, Bogotá

Con su inauguración en julio de 1838 se venció la costumbre de enterrar a los muertos en las iglesias. Es obra de José Pío Domínguez y Rafael Álvarez. En 1840 se estrenó la capilla. Monumento Nacional en 1984, en el año 2000 una zona del cementerio se convirtió en el Parque del Renacimiento.

Desfile de balleneras, bahía de Cartagena, Bolívar

En el mes de noviembre coinciden dos fiestas tradicionales en Cartagena: Las de la independencia y el Reinado Nacional de Belleza. En este último el desfile de balleneras, instituido desde 1970, donde las candidatas aparecen en estos botes de remos, escoltadas por cadetes de la Escuela Naval.

Procesión, Pamplona, Norte de Santander

Esta festividad es de las más tradicionales del país, con las de Popayán y Mompox. Desfilan en sus procesiones las sahumadoras, los caballeros de la cruz, las autoridades, las bandas de música y los colegios con su uniforme de gala. Un Festival Internacional de Música Sacra la complementa.

Beisbolistas, isla de San Andrés

El archipiélago de San Andrés, Providencia y Santa Catalina está a 720 km. al noroeste de la costa caribe colombiana. Aunque descubierta por España su población desciende de puritanos ingleses y leñadores de Jamaica. De allí que el 70% sea bilingüe y se hable también el patois (patuá).

Fiestas de San Pacho, Quibdó, Chocó

Quibdó se fundó en 1648, a orillas del Atrato y se consagró a san Francisco de Asís. Sus fiestas, que se celebran del 20 de septiembre al 5 de octubre, unen su carácter sagrado a un carnaval en el que el pueblo celebra con el disfraz llamado caché y al son de la tradicional chirimía chocoana.

Felicidad e inteligencia son algunas de las representaciones del color amarillo. Asociado con la luminosidad del sol, este color provoca alegría y estimula la actividad mental. El pintor holandés Vincent Van Gogh empleó compulsivamente el amarillo en su última etapa creativa; fue, también, el único color que el escritor argentino Jorge Luis Borges pudo apreciar en la oscuridad de su ceguera. Espontáneo y variable, es un color recomendado para provocar sensaciones agradables y alegres; la psicología señala que ayuda a la buena memorización. En muchas culturas es símbolo de la deidad. Etimológicamente procede del latín *amarellus*, que viene de *amarus* y significa amargo. El amarillo sobresale en los crepúsculos de Barichara, en la Torre del Cable de Manizales, en el Castillo de San Felipe de Barajas o en el desfile de la Batalla de las Flores. Igualmente, en los senecios de la Sierra Nevada del Cocuy o en la fachada de la iglesia Santa Bárbara en Bolívar.

Parque Jaime Duque, Sopó, Cundinamarca

Parque temático fundado en 1983. Entre otras atracciones tiene una réplica del Taj Mahal, museo del hombre, diorama de la *Divina comedia*, mapa gigante del país, dioramas de cuentos infantiles, trajes del mundo, fontana mitológica, monumento a Dios, a la nacionalidad y el edificio Cóndor.

Laguna de Siecha, Cundinamarca

Se encuentra al norte del páramo de Chingaza, en el municipio de Guasca. Fue en ella donde —tras un intento de desecarla— se encontró la balsa Muisca que se encuentra en el Museo del Oro. Sus condiciones topográficas, paisajísticas y ambientales la hacen apta para las caminatas ecológicas.

Parque de los deseos, Medellín, Antioquia

Las atracciones interactivas del parque temático permiten al visitante entender los conceptos de la astronomía y la influencia que los fenómenos del cosmos tienen sobre el agua, la energía, las comunicaciones y el medio ambiente. Su diseño es obra de las universidades y la Fundación EE.PP.M.

Torre del reloj, Cartagena, Bolívar

Torrecilla de estilo neogótico, fue agregada en el siglo XIX. Tiene dos cuerpos octagonales y ventanas ojivales. Obra de Luis F. Jaspe F. se erigió en 1887. Ubicada sobre la puerta de entrada a la ciudad o Boca del Puente, es uno de los símbolos arquitectónicos de la ciudad.

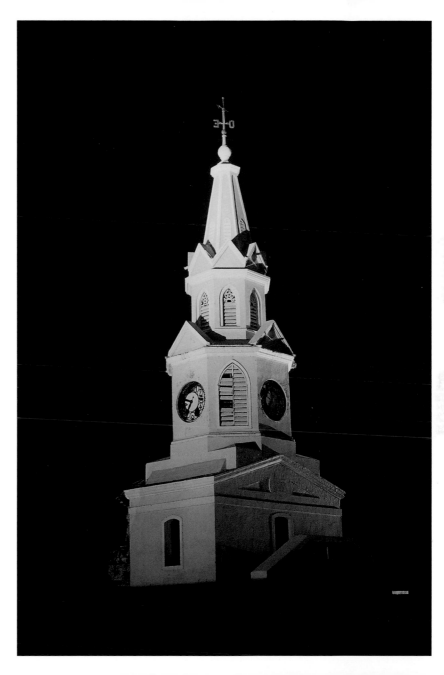

Frailejón en el páramo del Sumapaz

El frailejón (*Espeletia congestiflora*) es planta exclusiva del páramo. El de Sumapaz es considerado el más extenso del mundo. Los páramos son la gran reserva hídrica de la nación. La enorme capacidad del páramo para retener agua dan importancia vital para la regulación hidrográfica del país.

El Cocuy, Boyacá

A los pies de la Sierra Nevada del Cocuy, al noroeste de Boyacá se halla
este pueblo que mantiene intacta buena parte de su arquitectura colonial y republicana. Se destacan sus ricas costumbres: La verbena, la fiesta de vereda, la gallera, el juego de bolo aéreo, el tejo y su gastronomía.

Catedral de Pereira

Situada a un costado de la plaza de Bolívar, la catedral de Nuestra Señora de la Pobreza construida originalmente en 1875, fue restaurada después del terremoto de 1999. Parte de su estructura tiene ladrillo a la vista y más de 12 000 piezas de madera sostienen la cúpula.

Capilla de Sal, Nemocón, Cundinamarca

Esta imponente construcción, a 80 metros de profundidad, tuvo su origen en la mina de sal de más de 500 años, que ya era explotada por los chibchas. El complejo cultural incluye las cámaras de recibo y de los espejos de agua, el salón de baile, la cascada de sal y el pozo de los deseos.

Reproducción de precolombinos

A partir de 1930 se despertó la admiración por la orfebrería precolombina. Antes sólo se la valoraba por su peso en oro. Pero la difusión de esta, con piezas que reproducen los modelos originales de la joyería se dio a partir de 1970. Hoy es un renglón de exportación.

Catedral de Manizales, Caldas

En 1928 se inició la construcción de esta basílica, obra de Julien Polty, donde se levantaba la primera catedral destruida por un incendio dos años atrás. Edificio ecléctico, tiene una inspiración gótica. Sus arcos apuntados en estilo gótico, se cruzan elevando una cúpula de corte bizantino.

Torre del Herveo, Manizales

Era parte del Cable que unía a Manizales con Mariquita y el río Magdalena. Fue el cable aéreo más largo del mundo, con 62 km y 376 torres. Esta torre, la única de madera, fue desmontada de Herveo y ubicada en Manizales. Hoy es uno de los símbolos de la ciudad.

Castillo de san Felipe, Cartagena

Es el más formidable complejo defensivo que erigió la ingeniería militar española en el Nuevo Mundo. En su interior se despliega un intrincado sistema de túneles, desniveles, trampas y vías de escape. Dominaba cualquier intento de invasión a la plaza, ya fuera por tierra o por la bahía.

Corpus Christi en Anolaima, Cundinamarca

La población fue fundada en el territorio de los anolaymas por Gonzalo Jiménez de Quesada en su camino a la sabana de Bogotá, en 1538. Aquí se celebra la festividad de Corpus Christi con desfiles y exhibiciones de la riqueza agraria que la han convertido en "Capital frutera de Colombia".

Hacienda en Simijaca, Cundinamarca

Fue el arquitecto de la hacienda *Aposentos*, el fraile colonial Domingo de Petrés, autor de la catedral de Bogotá. Los grandes techos de teja de barro y el espacio del patio interior mantienen el aire original, perdido en parte por la intervención en la época republicana de la casa.

Barichara, Santander

Situada en la provincia Comunera, sobre la serranía de Yarigüies, vecina de San Gil, posee uno de los cascos urbanos mejor conservados y más bellos del país. Se levantó mayormente a lo largo del siglo XVIII. Su personalidad la define la tierra colorada y la piedra que trabajan los talladores.

Templo de santa Bárbara, Mompox, Bolívar

El conjunto lo forman la pequeña capilla funeraria, la iglesia y hermosa torre, construida en 1794. Esta tiene una planta octogonal y cuatro cuerpos: el primero muy ornamentado, el segundo con balcón, el tercero con óculos y el cuarto con columnas y una cúpula con corona.

Septimazo y edificio del Banco de la República, Bogotá

Es una antigua tradición bogotana recorrer la carrera 7ª desde la plaza
de Bolívar hasta la calle 26. Dentro de los planes de las últimas alcal-
días, de apropiación y recuperación del espacio público, se ha convertido en un evento colectivo, con atractivos actos culturales.

Fiestas de san Pacho, Quibdó, Chocó

La primera fiesta data de 1648 cuando misioneros franciscanos organizaron una procesión de balsas con la imagen del santo. Al carácter sagrado se le suma hoy el carnavalesco. Los desfiles recorren los barrios y, en el jolgorio, denuncian las necesidades de los pobladores.

Rana kokoi, Chocó

La familia de los dendrobátidos se reconoce por sus vibrantes colores que advierten a los depredadores de la presencia de veneno en la piel. Esta rana segrega la neurotoxina más potente del mundo. La batracotoxina es de gran interés en la investigación de enfermedades neurológicas.

Búho de los Andes occidentales

El género Asio de búhos con mechón de plumas con apariencia de orejas en la cabeza. Son de talla media, 30 a 46 cm de longitud, y de alas largas. Los búhos Asio o estigios tropicales son mayormente sedentarios y cazan de noche roedores, otros mamíferos pequeños y algunas aves.

Trigales, volcanes del sur, Nariño

Las faldas de los grandes volcanes nariñenses están densamente pobladas y son zonas donde se cultiva intensamente. La fertilidad de la tierra volcánica se debe a viejos depósitos de cenizas. El efecto benéfico del vulcanismo sobrepasa, con el tiempo, los peligros de erupciones infrecuentes.

Jaguar (*Panthera onca*)

Es el mayor felino de América. Musculoso y robusto, tiene patas relativamente cortas y cabeza grande. Su mandíbula es la más poderosa del género. Su patrón de manchas es único e irrepetible. La longitud de los machos es de 1,72-2,41 metros y algo menor en las hembras.

Combinando la energía del rojo con la felicidad del amarillo, el color naranja representa el entusiasmo, la atracción, la creatividad, la determinación, el éxito, el ánimo y el estímulo. Es un color que produce la sensación de calor; de ahí que se lo asocie con el trópico. Carente de agresividad, relacionado con una alimentación sana y el buen apetito, la visión del color naranja produce una sensación de mayor aporte de oxígeno al cerebro. Acogedor y estimulante, posee una fuerza activa, radiante y expansiva. Aunque es el color de la carne y del amistoso fuego del hogar, también puede expresar inestabilidad, disimulo e hipocresía. Etimológicamente su nombre deriva del árabe *narang*. El naranja está presente en la isla Gorgona, en los jaguares que recorren las tierras de Caquetá, en las labores diarias de Acerías Paz del Río, en los tejados de las casas coloniales de Cartagena. También en las comparsas del Festival de Verano o en los cerros orientales de Bogotá.

Cóndor Real

Esta es una exclusiva ave que sobrevuela el territorio colombiano.
Se puede encontrar en Centroamérica y Suramérica, desde México
hasta el norte de Argentina. Habita en lugares de abundante vegetación, zonas semi-áridas, terrenos pantanosos y en las llanuras cercanas a los bosques.

Rana venenosa, Chocó

Conocida como rana venenosa de arlequín, la rana cocoi, se caracteriza por los vivos colores de su cuerpo: amarillo, naranja, rojo, blanco y azul. Estos sirven como advertencia de animal venenoso para sus enemigos. Habita en la región del Chocó en Colombia, y en el occidente del Ecuador.

Acerías Paz del Río, Boyacá

Esta planta tiene equipos para la explotación de las minas de hierro en Paz del Río, carbón en Paz del Río y Samacá, y caliza en Belencito. Esta ubicada a 70 km de la capital del departamento, Tunja, a 2 400 m.s.n.m., y con una temperatura media de 18 °C.

Volcán Galeras, Nariño

Este volcán hace parte del complejo volcánico Galeras. Está localizado en el departamento de Nariño —en el Nudo de los Pastos— a una altura de 4 276 m.s.n.m. y a 9 km al occidente de San Juan de Pasto, capital del departamento, cuyas luces se aprecian al fondo.

Río Vichada, Vichada

Nace en Puerto Gaitán, departamento del Meta, en la región Oriental, donde confluyen los ríos Planas y Tillavá. Sus más de 600 metros de longitud atraviesan —de oeste a este— el departamento de Vichada, hasta desembocar en el río Orinoco. Región rica en peces y dedicada a la ganadería.

Laguna de Naboba, Magdalena

Este sitio, de altísimo valor espiritual para los indígenas ijka, se encuentra a 4 540 m.s.n.m., entre los distintos macizos que conforman lo que se llama la Sierra Nevada de Santa Marta y que, para los nativos es el *chundua*, lugar de origen y retorno de la vida humana. Es alimentada por las cumbres más altas de Colombia: Colón, Bolívar y Vespucio.

Danza del garabato, Carnaval de Barranquilla

La danza del garabato es uno de los emblemas del Carnaval de Barranquilla. Es una expresión folclórica que escenifica, con ironía y sarcasmo, la lucha entre la vida y la muerte. La mujer se viste con falda larga de volantes, con los colores de la bandera de Barranquilla —amarillo, verde y rojo.

Bogotá al atardecer

La característica luz de los atardeceres en Bogotá —que se filtra entre las nubes y desciende tras los cerros—, conocida como el "sol de los venados", genera texturas y sombras a su paso, y le imprime un particular colorido a la ciudad, a sus calles y carreras, a sus habitantes y sus casas.

El Morro, Santa Marta, Magdalena

Este referente natural hace parte de la historia de la ciudad. Los aborígenes iban allí para observar el atardecer, el momento en que el sol se oculta y sale la luna. Creían que en ese lapso los dos astros se fundían y con la noche, surgía el fruto de su amor: las estrellas y los luceros.

Río Magdalena

Es la principal arteria fluvial de Colombia, su cuenca tiene influencia
en 18 departamentos del país. Atraviesa casi la totalidad del país en
su lado occidental de sur a norte, desde San Agustín en el Huila hasta
su desembocadura en el mar Caribe, en la zona conocida como Bocas
de Ceniza a 22 km de Barranquilla.

Fuerte San Fernando Bocachica, Cartagena

Este fascinante fuerte —una de las obras de la arquitectura militar más imponentes de la ciudad— se encuentra a pocos metros de las playas de Bocachica, en el extremo sur del canal, en la isla de Tierrabomba. Su construcción data de 1753, en reemplazo del Fuerte de San Luis, que le precedió.

Festival wayuu, Uribia, La Guajira

Es el máximo encuentro de este pueblo indígena. Allí se busca la afirmación de la identidad, la conservación de las costumbres y el fo-
mento de las tradiciones ancestrales. Se cierra con la elección de la
Majayut —mujer wayuu—, elegida por su belleza y conocimiento sobre
su pueblo.

Variedad de calabazas de Boyacá

Los chibchas del altiplano boyacense tenían entre sus alimentos el maíz, la papa o "turma de la tierra", la batata, la arracacha, la ahuyama, el fríjol, el ají, la quinua, los cubios, las hibias, la yuca dulce y las calabazas; esenciales para la preparación del típico "cocido boyacense".

Festival de Teatro de Bogotá

Desde hace 20 años, en Bogotá se celebra el Festival Iberoamericano de Teatro. La ciudad se convierte en la gran carpa del teatro mundial, pues en ella confluyen los cinco continentes con un mismo lenguaje. Es el festival de teatro más grande del mundo, en número de países participantes.

Templo de Santo Domingo, Tunja, Boyacá

Del siglo XVI, es una de las obras arquitectónicas coloniales más importantes de Latinoamérica. Tiene un gran valor artístico, con cubierta a cuatro aguas y un techo en madera con bóveda de medio cañón. Su interior, en el que destaca la capilla del Rosario, está tallado y hojillado en oro.

Capilla del Sagrario, Bogotá

Es un claro ejemplo del estilo barroco neo-granadino. Fue construida entre 1660 y 1689, aunque a mediados del siglo XVIII tuvo que ser demolida para su recuperación. En su interior reposan famosos lienzos de Vásquez de Arce y Ceballos. Su altar mayor está elaborado en ébano, marfil y carey.

Teatro Colón, Bogotá

Uno de los teatros más bellos de Latinoamérica. Del siglo XIX, de estilo neoclásico
italiano, está ubicado en el centro histórico
y cultural de Bogotá. Su sala principal, abier-
ta en 1892, ha sido escenario de notables
obras de teatro y espectáculos musicales.
Es Monumento Nacional desde 1975.

Sala de conciertos, Biblioteca Luis Ángel Arango, Bogotá

Este es uno de los auditorios de mayor prestigio para la celebración de recitales y conciertos de la ciudad. La sala, inaugurada en febrero de 1966, fue merecedora del Premio Nacional de Arquitectura por su extraordinario diseño y acústica. De forma ovalada, tiene capacidad para 367 sillas.

Museo del Oro, Bogotá

Posee la colección de orfebrería prehispánica más grande del mundo, con cerca de 35 000 piezas de oro y tumbaga, y casi 30 000 objetos en cerámica, piedra, concha, hueso y textiles; procedentes de las culturas calima, muisca, nariño, quimbaya, sinú, tairona y San Agustín, entre otras.

Conservación del maíz, Sierra Nevada de Santa Marta

Llamado "el dulce oro de Colombia" o "semilla del Sol", el maíz ha sido
desde la época precolombina, y sigue siéndolo hoy, el eje de la agricultura
de los pueblos indígenas y base de su alimentación. Fruto de los dioses,
íntimamente ligado a su mitología, religión y tradiciones medicinales.

Museo de Antioquia, Medellín

Es el encargado de conservar y exhibir el patrimonio artístico antioqueño, así como obras de artistas nacionales y extranjeros, artes deco-
rativas y piezas históricas. Alberga la Donación Botero, que consta de
108 cuadros y 16 esculturas del Maestro, además de 21 obras de artistas
internacionales.

Procesión de los nazarenos, Semana Santa, Mompox

Cerca de 1500 nazarenos participan cada año en esta procesión. Son hombres y niños que, vestidos con túnicas azules y blancas, llevan a hombros los "pasos", imágenes de madera que representan las 14 estaciones del vía crucis, sufrimiento padecido por Jesús el Nazareno, de donde toman su nombre.

Indudablemente relacionado con el fuego y la sangre, el color rojo está por regla general ligado al peligro, la guerra, la energía, la fortaleza y la determinación. Intenso en el campo emocional, su significado inmediato se encamina a la pasión ardiente y desbordada, a la sexualidad y el erotismo. Representa el valor y el coraje; también mejora el metabolismo humano, aumenta el ritmo respiratorio y eleva la presión sanguínea. Dueño de una visibilidad muy alta, suele ser empleado en avisos importantes, prohibiciones y llamadas de precaución. Exultante y agresivo, etimológicamente procede del latín *russus*. El rojo está en los decorados florales de El Peñón, en la mola elaborada por los indígenas cuna, en los atuendos propios del Reinado Nacional del Bambuco, en el sistema de transporte TransMilenio de Bogotá. Asimismo, en las guacamayas o en el riachuelo del cerro El Tablazo, en la llamativa laguna de Tota de Boyacá o en las salinas de Manaure de La Guajira.

Puente peatonal calle 100, La Castellana, Bogotá

Ubicado en la localidad de Barrios Unidos, este barrio tradicional se
halla delimitado por importantes vías como la Autopista Norte, la avenida 30 y la calle 100. Acorde a su ubicación, y con el pasar de los años,
el lugar ha progresado al mismo ritmo que la ciudad.

Parque del Virrey, Bogotá

La escultura en hierro pintado *Gran cascada* del artista payanés Edgar Negret de 1998
está situada en el cruce de la avenida 15 en el
Parque longitudinal del Virrey. Este parque
nació de la profunda reforma del espacio público que transformó a Bogotá desde finales
del pasado siglo.

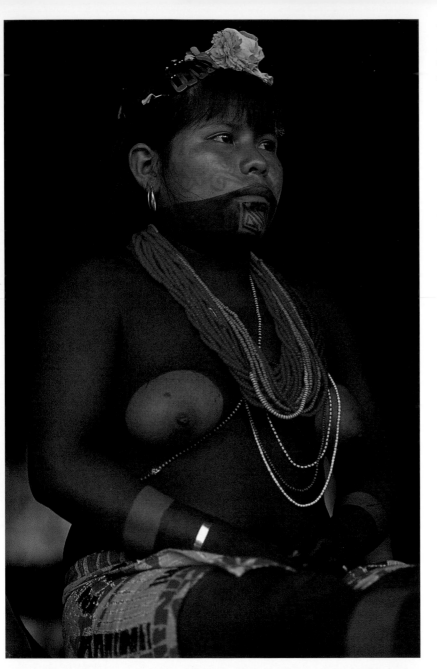

Jóven embera, Jurubidi, Chocó

Entre los indígenas colombianos, los embera tienen un radio mayor de distribución desde el Chocó hasta el Putumayo. Conservan sus propias creencias y una sólida tradición oral. La Organización Regional Embera-Wauna-na, Orewa, en el departamento del Chocó los estructura en cabildos.

Tejido de chinchorro

Se trata de una tela no elástica, compacta y pesada, tejida en telares verticales. Su tejido es plano o paleteado, llamado así por los indígenas wayuu que usan una paleta para comprimir la trama. Aunque existen hamacas de un solo color o blancas, son más frecuentes las de muchos colores.

En los días precedentes a la Semana Mayor, las iglesias y cofradías se dedican a preparar los "pasos" y altares que participarán en las procesiones y ceremonias. La imaginería debe ser arreglada según los colores y ornamentos que la liturgia exige. A este acto se le llama "vestir santos".

Corrida de toros, Feria de Manizales

La firma de arquitectos Robledo y Borrero
levantó el edificio con un aforo de 12 000
espectadores. El 23 de diciembre de 1951
se inauguró la plaza de toros Monumental
con una corrida cuyo cartel lo encabezaba
Antonio Bienvenida. La temporada, que se
celebra cada enero, va en su 54 edición.

Carnaval del Diablo, Riosucio, Caldas

Esta fiesta —cruce de tradiciones culturales españolas, indígenas y africanas— se inicia el día de los Inocentes y termina el día de Reyes. El 4 de enero es el día más importante: la estatua del diablo en su trono, desfila triunfal seguida por disfrazados, chirimías y cuadrillas de oradores.

Reinado Nacional de Belleza, Cartagena

El desfile en traje de fantasía es uno de los eventos centrales del "Reinado". En él los diseñadores nacionales despliegan su imaginación con diseños deslumbrantes, que involucran brillos, plumas, telas recamadas y tocados enormes y coloridos. Cientos de artesanos trabajan en ello durante meses.

Feria internacional del gallo fino, Sincelejo, Sucre

La feria, que ha dejado de realizarse, formaba parte de las festividades sucreñas como las del barrilete, del acordeón y las Corralejas. Se celebraban antes del 20 de enero. Estos eventos se constituyen en emblema de identidad regional. En Montería se celebra la fiesta nacional del gallo fino.

Quibdó, Chocó

Quibdó está ubicada a 43 m.s.n.m., a orillas del río Atrato. Fundada en 1648 por el franciscano fray Matías Abad es la capital del Chocó, desde 1948. Se levanta en una de las zonas de mayor pluviosidad del mundo. Habitada mayormente por afrochocoanos e indígenas como los cuna, embera y waunana.

Portal de la 80, Transmilenio, Bogotá

Es el principal sistema de transporte masivo de la urbe: buses arti-
culados de color rojo transitan en carriles exclusivos y paran sólo en
estaciones designadas; cada uno transporta 160 personas. Buses ali-
mentadores transportan a los pasajeros desde las estaciones hacia
diferentes barrios.

Ladrillera, Sogamoso, Boyacá

La industria ladrillera se encuentra entre las empresas artesanales más destacadas de esta ciudad boyacense. Forman parte del paisaje los chircales, donde se moldea el ladrillo a mano; los patios donde se seca al aire libre y hornos de carbón donde finalmente se hace la quema.

El Encano, laguna de La Cocha, Nariño

El Encano fue fundado por los jesuitas a orillas de la laguna. La Cocha
está a 27 km de Pasto y a 2 830 m.s.n.m., en el páramo más bajo del mundo, ya que por su geomorfología tiene características paramunas a menor
altura. Su extensión es de ocho hectáreas y una temperatura de 11 °C.

Bus escalera, Riosucio, Caldas

Las abigarradas decoraciones de estos buses nos hablan de patrimonio y herencia. Algunas han pasado de ser un transporte público artesanal a ser una atracción turística. Los propietarios de las chivas les asignan nombres cariñosos como "La cariñosa", "La siempre fiel", "Mi Leíto".

Museo de los niños, Bogotá

Corredor externo que une los módulos de genética, Leonardo da Vinci y física mecánica. El museo está pensado para que los niños aprendan a través de la experiencia sobre temas como ciencias naturales, exactas, arte, informática, la vida humana y, en general, el mundo que nos rodea.

Puente peatonal, Ciudad Salitre, Bogotá

Ciudad Salitre se desarrolló urbanísticamente desde 1960, al occidente de la urbe. Debido a una concienzuda planeación es una de las pocas áreas de la ciudad en las que conviven en armonía las actividades residencial, empresarial, comercial, institucional y recreativa.

Hiladora de fique, Sandoná, Nariño

El fique es la fibra nacional colombiana. Pertenece a la familia de las agaváceas y es conocido también como maguey o cabuya, de cuyas hojas carnosas se obtiene una fibra muy dura, fina, brillante y blanca. Los pasos para su obtención son el hilado o unión de las fibras, el retorcido y, según el uso, el tinturado.

Chamán de la etnia inga, Sibundoy, Nariño

Durante la ceremonia que rodea la toma de yagé el chamán o "taita" sacude sobre el paciente —invocando las buenas energías— un ramillete de hojas. Este es un atado de ramas de un bambú pequeño muy común en la selva, que recibe el nombre de *Wayra-sacha* que significa "hojas del viento".

Centro internacional, Bogotá

Situado entre las calles 26 y 32, y entre las carreras 7ª y 14, es uno de los más importantes sectores financieros de la ciudad. Están allí, entre otros, la iglesia de San Diego, el Museo Nacional, la Plaza de Toros, el Hotel Tequendama, la torre de Bancafé y el Centro de Convenciones Jiménez de Quesada.

Festival de Teatro, Bogotá

El desfile inaugural del Festival Internacional de Teatro sale de la Plaza de toros de Santamaría, hasta llegar a la Plaza de Bolívar. Comparsas, músicos, delegaciones de los carnavales de otras ciudades, grupos folclóricos y teatreros de otros países se toman cada dos años la carrera 7ª.

El Tablazo, Cundinamarca

Cuando la sabana de Bogotá termina al occidente, en el municipio de Subachoque, la imponente montaña del Tablazo, que ha alcanzado los 3 600 metros en el páramo, desciende vertiginosamente de los 2 450 hasta 1 780 m.s.n.m. Se crea así un mosaico de pisos térmicos y paisajes incomparable.

Caño Cristales, sierra de la Macarena

Su caudal lo forman dos brazos principales que se desprenden de la cara sur de la sierra y corren hacia el oriente, en una sucesión de rápidos, cascadas de hasta 12 metros y pocetas labradas por el agua en el fondo rocoso. La planta acuática *Macarenia Clavígera* imprime el color rojo al caño.

En nuestra cultura el rosado está asociado con el sexo femenino, la delicadeza, la ternura, el sonrojo y hasta la timidez. Mezcla delicada de rojo y blanco, es un color que transmite ingenuidad, bondad, calma y ausencia de todo mal. En el catolicismo simboliza la felicidad. Color predilecto en la carátula de aquellas novelas románticas blandas, el rosado también fue el tema central de una canción de Aerosmith, donde se oye aquello de *Pink is like red but not quite* ("El rosado es como el rojo pero no exactamente"). Etimológicamente su nombre viene del latín *rosatus*. El rosado es visible en la flora de Guatavita, en el cabo de la Vela y en las vestimentas de los indígenas wayuu en La Guajira. También en la fauna de Leticia, en las aceras de San Bernardo del Viento, en el Parque Nacional Natural Los Nevados o en las especies radiantes que viven en las profundidades del archipiélago de San Andrés.

Plaza de toros de Manizales, Caldas

Una de las más importantes plazas taurinas del país, construida entre
1948 y 1950, e inaugurada con motivo de la celebración del cente-
nario de la ciudad. Es una réplica de la Plaza de Toros de Córdoba,
España, con un ruedo de 29 metros de diámetro y un aforo de 12 000
espectadores.

Sibundoy, Putumayo

Territorio indígena a 80 km al oeste de Mocoa, capital del departamento.
Su topografía es quebrada sobre la cordillera Oriental de los Andes, con
un clima frío, y bañado por numerosas quebradas y corrientes menores.
Su población se dedica a la agricultura, la ganadería y las artesanías.

Coronación de los reyes del Carnaval de los niños

En enero en torno a la gran fiesta del Carnaval de Barranquilla, se realiza la coronación de la reina y del rey Momo del Carnaval de los niños. Se trata de la elección de los monarcas para los más pequeños, en un evento que reúne las tradiciones y los personajes centrales del Carnaval.

Rock en español en Colombia

En los años ochenta se dio el *boom* del rock en español a raíz del respaldo de las disqueras y las emisoras que apoyaron este movimiento, que insípidamente ya había surgido en los 60. Las bandas que marcaron ese momento fueron Compañía Ilimitada, Pasaporte, Kraken, La pestilencia, entre otras.

Domingo de Ramos, Semana Santa, Mompox

La procesión del Domingo de Ramos en este municipio de Bolívar —compuesta por hombres, mujeres y niños— va desde la iglesia de Santa Bárbara hasta la iglesia de la Inmaculada Concepción. Portando ramos de palma, caminan junto a una imagen de Jesús montado en un burrito, con sus doce apóstoles.

Carnaval de Riosucio, Caldas

Cada dos años, cientos de personas son testigos de esta fiesta —cuyo símbolo es el diablo—, que se celebra en enero y da la bienvenida al año nuevo. Este desfile es su evento más especial, en donde las cuadrillas, con cantos y vistosos atuendos, desfilan por las calles hasta la plaza principal.

Buesaco, Nariño

La población de Buesaco, municipio ubicado al noreste del departamento de Nariño es eminentemente agrícola: el 81% de sus habitantes
están en el área rural. Con una temperatura promedio de 18 ºC posee un clima variado, apto para la siembra de café, fríjol, arveja, trigo y
cebada, entre otros.

Casa campesina, cabo de la Vela, La Guajira

En la península de La Guajira, frente al mar Caribe, está ubicado el cabo de la Vela, región poblada principalmente por indígenas wayuu. Es considerado por ellos como un lugar sagrado, pues creen que al morir sus almas van a descansar a este mágico paraje: aislado, desértico y rodeado de agua.

Guapi, Cauca

A orillas del río Guapi está el municipio que lleva su mismo nombre, al suroeste del Pacífico caucano. La vida de su población, mayoritariamente afrocolombiana, gira alrededor del río, los esteros y el mar. Sus aguas son los principales canales de comunicación, intercambio y socialización.

Orquídeas de Colombia

Es la flor nacional de Colombia, país que posee el 10% de las orquídeas del mundo. Se encuentran frecuentemente a lo largo y ancho del territorio colombiano, desde el nivel del mar hasta los casi 4 000 metros de altitud. Se diferencian de otras especies pues al madurar la flor queda boca abajo.

Cali, Valle del Cauca

En la capital del Valle, las ventas ambulantes y la economía informal se han tomado las calles, avenidas y espacios públicos, principalmente del centro de la ciudad. Las iglesias y sus alrededores no han sido la excepción, allí se venden lotería, estampitas religiosas, escapularios, etc.

Leticia, Amazonas

Una de las principales actividades económicas de la población de la capital del departamento —en su mayoría indígena— es el turismo. Además de ser visitada por cientos de personas de dentro y fuera del país, Leticia es un punto de intercambio con los países fronterizos, especialmente Brasil.

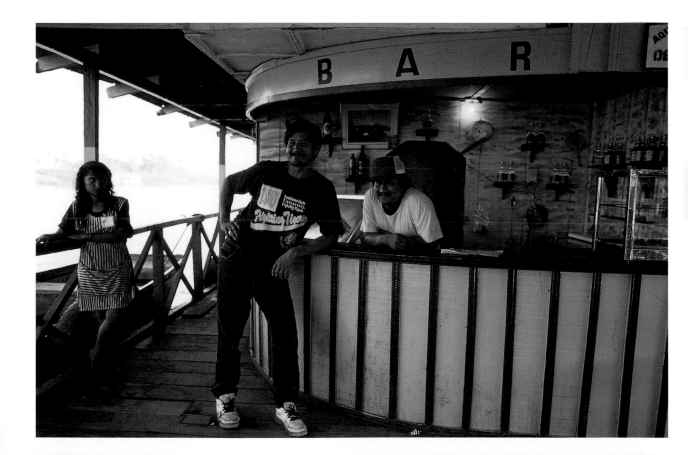

Pelele de año viejo, Albán, Cundinamarca

Es una costumbre extendida por todo el país quemar o enterrar estos muñecos de paja y trapo a las 12 de la noche del 31 de diciembre de cada año. Con sus ropas bien puestas o desaliñados, con la botella de aguardiente en la mano simboliza todo lo que con ellos concluirá. Por eso se les llama Añoviejo.

Salamina, Caldas

Las calles y la arquitectura de esta tradicional población caldense, están construidas principalmente en madera, guadua y arcilla. Destaca su gran colorido y el trabajo de talla de sus puertas y ventanas. Por todo esto ha sido denominada como Monumento Nacional y Patrimonio Arquitectónico.

Tumaco, Nariño

Segunda ciudad del departamento y segundo puerto marítimo del
país sobre el Pacífico, después de Buenaventura. Llamada la "Perla
del Pacífico" por sus espléndidos paisajes, su población se dedica
principalmente al comercio, la agricultura, la ganadería, la pesca y la
explotación de madera.

Altar de carretera, vía Puerto Salgar

En las carreteras de Colombia es común ver estos altares hechos por los conductores dedicados a la Virgen del Carmen o al Niño Jesús de Praga, a quienes encomiendan sus vehículos y les piden protección durante sus viajes. Generalmente se adornan con farolas dañadas, en símbolo de gratitud.

Santuario de Fauna y Flora Los Flamencos, Alta Guajira

En el corregimiento de Camarones, Riohacha, se encuentra este mágico refugio para estas milenarias aves, que le dan su nombre. Su delicado ecosistema comprende un sinfín de aves, peces, crustáceos y plantas. Es un territorio de ciénagas, lagunas y bosques secos de 7 687 hectáreas de extensión.

Parque del Renacimiento, Bogotá

Construido en los años noventa sobre terrenos que antes eran del Cementerio Central
sobre la calle 26, es un lugar de esparci-
miento y recreación en todo el centro de la
ciudad. Su espejo y pila de agua, centro cultural, parques y zonas verdes son símbolos
de la recuperación de este sector.

Río Teusacá, Embalse de San Rafael

El río nace en la laguna El Verjón y recorre 75 km hacia el norte hasta desembocar en el río Bogotá, atravesando el casco urbano de La Calera. El Embalse, construido en su hoya, sirve para el suministro de agua potable para la ciudad y regula los caudales del Teusacá y el Río Blanco.

Parque Tairona, Magdalena

Declarado Parque Nacional en 1964 tiene una extensión de 15 000 hectáreas —12 000 terrestres y 3 000 marítimas. Está ubicado a 34 km al norte de Santa Marta, y hace parte de la Sierra Nevada de Santa Marta. Posee una incalculable riqueza natural, donde se destacan las especies submarinas.

Fragatas, mar Caribe

Aves marinas del grupo de los Pelecaniformes. Se les encuentra planeando en zonas tropicales sobre las costas de los océanos Atlántico y Pacífico. Pese a que son de gran tamaño —su envergadura de alas alcanza los 2 metros de longitud— son muy livianas, lo que les permite volar con agilidad.

Base de Tolemaida, Melgar, Tolima

En el valle del río Sumapaz, en el departamento del Tolima se encuentra la cálida población de Melgar, conocida como la "ciudad de las piscinas", por sus más de 5 000 piscinas y su permanente actividad turística. Allí se encuentra la Base Militar de Tolemaida, la más grande del país en su tipo.

Frío por naturaleza, empleado desde la antigüedad, es apreciado en virtud de su costosa obtención. En el mundo antiguo se utilizó como elemento alusivo a la soberanía y grandeza de los monarcas; por influencia oriental, fue utilizado por los emperadores romanos. Conocido el uso que tuvo en la Roma antigua, muchos monarcas europeos lo adoptaron como símbolo de autoridad durante la Edad Media; de ahí que sea el símbolo heráldico de la grandeza, la justicia y la sabiduría. También representa la dedicación a la defensa de la verdad y el ingenio. Además, indica respeto, dignidad y amor por sí mismo. Está asociado con una mentalidad pensante, donde impera la lógica y la razón, la madurez avanzada y el equilibrio. El morado se puede apreciar en los amaneceres de las montañas de los Andes, en la ensenada de Utría, en los trajes de los silleteros, en ciertas casas de Antioquia, en la selva cercana al río Caquetá o en los paisajes que rodean al río Guavio.

Laguna de Guatavita

A 80 km de Bogotá, este sitio era para los chibchas el ombligo del mundo y su espejo de agua, una "puerta" al reino de los dioses. Allí se originó la leyenda de El Dorado. La palabra muisca Guatavita significa "remate de cordillera" y está ligada al recogimiento espiritual, el oro y el agua.

Super páramo en el nevado del Ruiz

Esta es la franja que se ubica inmediatamente debajo de la nieve y antes del páramo a una altura entre 4 300 y 4 700 m.s.n.m. Compuesto principalmente de arenales y rocas tiene una vegetación muy especializada de líquenes y por su similitud se le llama también valle lunar.

Auge de la construcción, Cartagena

Desde finales del siglo XX y el comienzo del XXI Cartagena ha vivido un
inusitado desarrollo arquitectónico y urbanístico. A la restauración de
edificios públicos y de residencias privadas en la ciudad vieja, Manga
y Getsemaní se le suman los altos edificios en el Laguito y Bocagrande.

Volcán nevado del Huila, cordillera Central

Es mayor altura de la cordillera Central. Entre la nieve exhibe grietas que
emiten gases sulfurosos y están rodeadas de cristalizaciones de azufre.
Tiene tres crestas: la norte de 5 365 m.s.n.m., la central, de 5 240 m.s.n.m.
y la sur de 5 610 m.s.n.m. Se le conoce también como Páramo de Paéz.

Torre Colpatria, Bogotá

Con 196 metros de altura y 50 pisos es el edificio más alto del país. Fue construida en 1978 por Pizano, Pradilla y Caro. Su iluminación exterior la ha convertido en uno de los íconos de la capital, gracias a las 36 luminarias de xenón que la bañan intermitentemente con chorros de color.

Viaducto César Gaviria Trujillo, Pereira

Gestionado por INVIAS y obra de un consorcio germano-brasileño, el viaducto de Pereira se inauguró el 15 de noviembre de 1997. Es un puente colgante que une, sobre el río Otún, a Pereira y Dosquebradas. La longitud de su tramo central es de 211 metros y es símbolo importante de la ciudad.

Palmas, río Caquetá, Amazonas

Colombia es, después del Brasil, el país que posee el mayor número de especies de palmas en su territorio. Según Dugand, tenemos cerca de 300 distribuidas en 50 géneros de 1 200 especies que hay en el mundo. Salvo en las nieves, las hay en todos los climas, aunque prefieren el húmedo y cálido.

Atardecer en los llanos de Casanare

Enmarcan al departamento los ríos Casanare y Meta y las estribaciones de la cordillera Oriental, de donde nacen la mayor parte de los ríos que recorren el plano o levemente ondulado territorio casanareño. Entre estos están los cauces del Upía, el Cusiana, el Cravo sur, el Ariporo, el Guachiría y el Pauto.

Popayán, Cauca

Llamada la Ciudad Blanca de Colombia, Sebastián de Belalcázar la fundó el 13 de enero de 1537. Durante la Colonia y el siglo XIX fue importantísimo centro político, económico y social del país. El cambio de rutas comerciales la privó de su hegemonía sobre el llamado Gran Cauca.

Templo de La Ermita, Popayán, Cauca

Esta iglesia se levantó en tiempos de la fundación de la ciudad. Sobrevivió al terremoto de 1564, razón por la cual fungió de catedral hasta 1612. Resistió también los movimientos telúricos de 1736 y de 1827 e incluso al de 1983 tras el cual fue restaurada.

Sandoná, Nariño

Entre las actividades económicas de la región está la fabricación de sombreros y accesorios con iraca (*Carludovica palmatta*) o paja toquilla. Son mujeres quienes principalmente se encargan del tejido de estas artesanías cuya calidad le han dado fama local, nacional y mundial.

Procesión de Semana Santa, Pamplona

Todo el ritual que rodea la procesión de Semana Santa habla de un ceremonial suntuoso: la imagen y sus hermosos vestidos bordados con oro, la platería, los encajes y telas que adornan el "paso", las telas y cordones que ocultan la identidad del carguero pero que denotan su jerarquía como cofrade.

Feria de las Flores, Medellín

Son famosos los conciertos públicos, espectáculos de tango, las casetas y tablados populares en diferentes sitios como el Parque Lleras y la Zona Rosa. El desfile principal varía su ruta de año en año, pero generalmente recorre las grandes avenidas como la 70, la San Juan y la Oriental.

Chinchorros wayuu, Uribia, La Guajira

En esta cultura nómada, el chinchorro es primordial: en él se duerme, se come y se disfruta el ocio; se reciben visitas y es mortaja para difuntos. Consta de la pieza central tejida, las cabeceras o remates trenzados, las cabuyeras, elaboradas en tejidos planos y la cenefa con flecos tejidos en *crochet*.

Sietecueros, Rionegro, Antioquia

Su nombre alude a la corteza de color rojizo-naranja que se desprende en muchas capas. Gracias a su floración muy atractiva, adorna los bosques húmedos. Las flores jóvenes tienen un tono magenta que cambia hasta el violeta azulado. Es propia de los Andes, desde Venezuela hasta el Perú.

Quinta de Bolívar, Bogotá

La Quinta Portocarrero fue obsequiada a Simón Bolívar en 1820 por el bogotano Tiberio Echavarría. Fue el escenario de los amores del Libertador con Manuelita Sáenz. Al emprender este el exilio la legó a José Ignacio París. Desde 1922 funciona allí el museo en honor de la epopeya bolivariana.

Flores colombianas

La pasión colombiana por las flores se aprecia desde la casa campesina, en la que nunca faltan las plantas cuidadas y florecidas, hasta la industria. La floricultura es la tercera fuente de divisas del país, sólo superada por el petróleo y el café. Es también importante generador de empleo.

Cymbidium

Esta orquídea proviene del Asia tropical pero en el país se ha aclimatado en zonas cálidas y de alta humedad, aunque algunas especies se desarrollan en regiones más elevadas y frías. Son las orquídeas más cultivadas en el mundo, por su fácil cultivo y sus híbridos de todos los colores.

Parque en Bogotá

Al Sistema Distrital de Parques —que incluye más de mil parques regionales, metropolitanos, zonales y vecinales— lo conforman los espacios públicos verdes de uso colectivo para el descanso en armonía con la naturaleza y los parques urbanos dedicados a la recreación activa o pasiva.

Festival wayuu, Uribia, La Guajira

La materia prima de las artesanías guajiras es
el tejido hecho con hilo de algodón. Mochi-
las de vivos colores, la hermosa manta, traje
femenino wayuu, fajas o kannas, chincho-
rros, waireñas o sandalias. Otras artesanías
son pulseras de palitos, collares de coquito,
poporos y la alfarería.

Feria de las Flores, Medellín

Las celebraciones incluyen también el Reinado Internacional de las Flores, desfile de silleteritos, feria de antigüedades, feria equina, festival de bandas, concurso mujeres talento, exposición de orquídeas, pájaros y flores, tablados de música popular, trovadores y caravana de chivas.

Feria de las Flores, Medellín

El 1 de mayo de 1957, en Medellín se realizó la primera Feria de las Flores por iniciativa de Arturo Uribe Arango. Se incluyó una exposición de flores en el atrio de la catedral y un discreto desfile de silleteros de Santa Helena. Pasados 50 años, la feria es uno de los festejos más importantes del país

Frío e inmaterial, el azul suscita una predisposición altamente favorable. Por su asociación con el cielo, el mar y el aire, ha sido el símbolo de la profundidad. Expresa
armonía, amistad, fidelidad, serenidad, sosiego, verdad, dignidad, confianza, masculinidad, sensualidad y comodidad. En la tradición cristiana —a la Virgen María
se la representa con un manto azul— significa pureza y virginidad. En los países
anglosajones, el azul se asocia con la tristeza y la melancolía. La etimología
del azul sigue siendo incierta; al parecer procede del sánscrito *rajavarta*
(rizo del rey). El azul resalta en las formaciones coralinas de Providencia
y Santa Catalina, en esa Bogotá vista desde el cerro La Cumbrera,
en La Cocha o en Lorica, en las alas celestes de ciertas especies que habitan en La Pedrera o en Chinchiná. Igualmente en las ruanas de los indígenas guambianos
o en una panorámica desde la orilla del
río Atrato.

El Islote, islas de San Bernardo

El Islote es una isla artificial, construida como refugio y se considera la zona más densamente poblada del mundo. Tiene 5 600 m² y alrededor de 1 100 habitantes, lo que da una densidad de 194 000 habitantes por km². La población infantil es muy alta, con un promedio de cinco hijos por familia.

Cayo de Serrana, archipiélago de San Andrés y Providencia

Los cayos Roncador, Serrana, Serranilla, Rosalinda, Bajo Nuevo y Quitasueño son parte del archipiélago colombiano de San Andrés y Providencia sobre el mar Caribe. Están conformados por los picos más altos de un extenso arrecife coralino, que se encuentra sumergido a poca profundidad.

Lagunas glaciares, Sierra Nevada de Santa Marta, Magdalena

Son producto de los depósitos de las aguas procedentes de los deshielos, en los circos glaciares y en áreas por encima de los 3 000 m.s.n.m. En las aguas poco profundas crecen algunas plantas sumergidas y a las orillas crecen pajonales y frailejones.

Isla de Providencia

A 480 km de la costa colombiana sobre el Caribe están las islas de Providencia y Santa Catalina, que con San Andrés forman el archipiélago que lleva el mismo nombre. Se caracteriza por sus paradisíacos paisajes, unos de los mejor conservados del Caribe, y los tonos de sus cristalinas aguas.

Teatro callejero, Festival Iberoamericano de Teatro de Bogotá

Cada dos años cerca de tres millones de personas —de distintas regiones del país y extranjeros— acuden a las casi 600 obras de teatro de sala, además de presenciar los cerca de 200 espectáculos callejeros, entre los que se puede encontrar teatro, danza, circo, *performance*, pantomima y conciertos.

Indígenas paeces, Cauca

Es uno de los principales pueblos indígenas del país, ubicado en su mayoría en el Cauca, y representa casi el 17% de la población indígena nacional. Su principal actividad es la producción agrícola, básicamente para autoconsumo y caracterizada por la modalidad del policultivo a pequeña escala.

Vida en los cerros, Bogotá

De los más de 1 000 barrios que existen en Bogotá, y que configuran el trazado urbano, están los que se ubican al sur y al sureste de la ciudad, construidos sobre los cerros. Muchos de ellos de invasión, están constituidos por poblaciones vulnerables, en gran medida conformadas por desplazados.

Estadio Nemesio Camacho el Campín, Bogotá

Debe su nombre al padre de Luis Camacho quien donó los terrenos. Inaugurado en 1938 con motivo de los Juegos Bolivarianos, es la sede de los equipos Independiente Santafé y Club Los Millonarios. Escenario de importantes eventos deportivos, nacionales e internacionales, tiene capacidad para más de 46 000 espectadores.

Palacio Liévano, Bogotá

En el costado occidental de la Plaza de Bolívar se encuentra el Palacio Liévano, sede de la Alcaldía Mayor. Su diseño estuvo a cargo del arquitecto francés Gaston Lelarge, que lo construyó a comienzos del siglo XX por encargo de Indalecio Liévano, tras el incendio de las Galerías Arrubla en 1900.

Palacio Nacional, Medellín, Antioquia

Uno de los más emblemáticos edificios de la ciudad, obra del arquitecto belga Agustín Goovaerts. Levantado entre 1925 y 1933, en su diseño y construcción se mezclan los estilos románico y neogótico. Destacan sus elaboradas rejas en hierro forjado, entrelazadas en puertas, barandas y ventanas.

Tiburón ballena

El tiburón ballena, que nada en las aguas de los mares colombianos en las zonas aledañas a los arrecifes, es el pez más grande del mundo. Habita en aguas cálidas tropicales y subtropicales. El Santuario de Fauna y Flora de Malpelo es uno de los lugares donde se puede apreciar esta extraordinaria especie.

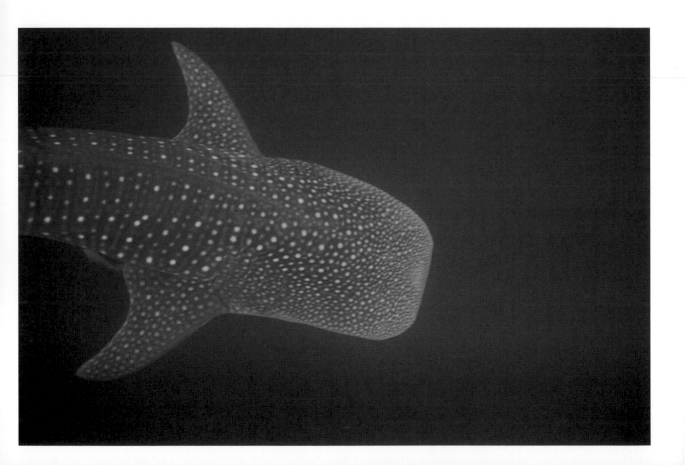

Morphidae

Mariposa propia de Centroamérica, desde México hasta Venezuela, que se caracteriza por el color azul de su cara posterior. Se encuentran desde el nivel del mar hasta los 1800 m.s.n.m., asociados con los hábitats de los bosques. En Colombia es común verlas entre los cultivos de café.

Caño Casiquiare, Meta

En territorio colombiano y al toparse con las cuencas de los ríos Amazonas y Orinoco, este río venezolano, produce un fenómeno muy escaso en el planeta, al arrebatarle al Orinoco una tercera parte de su caudal y llevar sus aguas hacia el Guainía —o río Negro—, a través de un canal natural.

Avenida 80 desde los cerros de Bogotá

Conocida como la autopista Medellín, es una de las principales vías de Bogotá, pues la recorre de oriente a occidente, desde Los Héroes hasta el río Bogotá. Desde el año 2000 fue implantada allí una de las rutas de Transmilenio, con 14 estaciones desde el Polo hasta el Portal de la 80.

Club de Golf, Ruitoque, Santander

Está situado en las cercanías de Bucaramanga, en terreno rocoso y de grandes riscos. "Jugar al golf en las nubes" dicen los deportistas por la bruma matutina que se asienta entre las colinas y los jarapos, grandes árboles que sirven de hogar a aves como la tijereta, el canario y el águila blanca.

El Cocuy, Boyacá

El minifundio predomina en las zonas rurales de este municipio. Dadas las marcadas inclinaciones del terreno, la yunta de bueyes sigue siendo herramienta irremplazable. La ganadería complementa el cultivo de la papa, esencial en la cocina boyacense, el maíz, el trigo, la cebada y la cebolla.

Victoria Regia, Amazonas

Planta acuática venerada por los indígenas de la amazonia. Pertenece a la familia de las ninfáceas y es llamada también "La flor de América". Tiene una sola hoja colosal de hasta dos metros de diámetro. Sus flores son blancas o rosadas, muy olorosas y solitarias y produce un fruto globuloso.

Camino en Ciudad Perdida, Magdalena

A orillas del río Buritaca estaba Ciudad Perdida, descubierta y excavada en 1976. Más de 300 poblados arqueológicos, de distintos tamaños se encontraban tanto en la costa como en la sierra. Los distintos pueblos se comunicaban entre sí por una intrincada red de caminos hechos con lajas de piedra.

Parque Nacional Natural de Los Katíos, Chocó

Parte del Tapón del Darién y de las ciénagas de Tumaradó conforman este parque, lugar de cruce de especies de América Central y del Sur. Este bosque tropical húmedo, una de las zonas más biodiversas del mundo, fue declarado Patrimonio Natural de la Humanidad por la Unesco desde 1994.

Guaduales, Manizales, Caldas

La guadua, *Guadua angustifolia*, es un recurso natural, renovable, sostenible, de rápido crecimiento y es material de construcción sismo-resistente. Ambientalmente conserva el suelo, controla la erosión, regula el caudal hídrico, aporta materia orgánica y contribuye a la biodiversidad.

Tibaná, Boyacá

Se encuentra a 36 km de Tunja, sobre el altiplano cundiboyacense, en la provincia de Márquez. Además de la explotación agropecuaria, Tibaná cuenta con recursos mineros como fosfatos, arcillas, arenas y recebo. Minas de carbón en la vereda de Chiguatá y chircales en la vereda Lavaderos.

Esta celebración comienza con una procesión de nazarenos, que representa la entrada de Jesús a Jerusalén, junto a sus doce apóstoles. Pasa por la calle del Medio hasta la iglesia de la Concepción, en un recorrido que los feligreses acompañan y aclaman portando ramos de palma de vino.

Cultivo de tabaco, Neiva, Huila

El tabaco fue, desde el siglo XIX, una industria eminentemente san-
tandereana. Hoy, aunque ese departamento es el primer productor
de tabaco negro, el Huila ocupa el tercer lugar entre los productores
de tabaco rubio, después de Boyacá y Cesar. Se cultiva en el valle del
río Magdalena.

Sabana de Bogotá

La visión de una sabana fértil, de clima benévolo, bañada por ria-
chuelos debió causar profunda impresión en los primeros españoles.
Las grandes haciendas estaban dedicadas a la producción de leche,
cebada, trigo y agricultura doméstica pero este panorama ha cambiado con las flores.

Diferentes plantas acompañan al cultivo del café: tomate, cuando está pequeño, y a mediana altura el lulo. Pero es el plátano, por la sombra que brinda a la planta adulta, el cultivo asociado por excelencia al café. Se le clasifica como sombrío transitorio y su corteza sirve también de abono.

Quibdó, Chocó

El río Atrato sirve de vía comercial a Quibdó y su entorno. Productos agropecuarios llegan, provenientes de distintos puntos de la zona y, aunque la agricultura es rudimentaria y difícil debido a las intensas lluvias, los principales cultivos son: plátano, maíz, arroz, cacao y coco.

Parque Simón Bolívar, Bogotá

En 1979 la alcaldía municipal reservó cerca de 400 hectáreas para espacios verdes y recreativos que hoy incluyen Los Novios, Salitre, Museo de los niños, Unidad Deportiva y la sede de Coldeportes, entre otros. La plaza de eventos se concluyó en 1983 y tiene capacidad para 80 000 espectadores.

Parque Nacional Enrique Olaya Herrera, Bogotá

Fue inaugurado por este mandatario en 1934. Su parte urbana asemeja un triángulo redondeado —del que observamos la cúspide— en la que entre caminos, monumentos y piletas están el reloj donado por la comunidad suiza, hacia 1954, la pérgola y fuente y, a la derecha, la cancha de *jockey*.

Laguna de Tota, Boyacá

Es el cuerpo de agua dulce más grande de Colombia. Situada sobre la cordillera Oriental, a 3 015 m.s.n.m., tiene una extensión de 55 km² y profundidades hasta de 60 metros. Posee islas como San Pedro, Cerro Chiquito y Santa Helena. En sus aguas se pescan la trucha asalmonada y la arco iris.

Úmbita, Boyacá

Se encuentra ubicada en la parte central del departamento de Boyacá y hace parte de la provincia de Márquez. El 68% de su territorio está en piso térmico frío. El 32% en zona de páramo donde se encuentra, a 2 800 m.s.n.m., el Parque Natural Municipal de Guanachas rico en fuentes hídricas.

Páramo de Chingaza

Etimológicamente Chingaza podría venir de los vocablos *Chim* (Dios), *gua* (serranía) y *za* (noche) "Serranía del Dios de la noche". Este Parque Nacional Natural tenía gran importancia religiosa y ceremonial para los muiscas quienes peregrinaban a sus lagunas para ofrendar oro a los dioses. Es la mayor fuente de agua potable de Bogotá.

Sierra Nevada del Cocuy

El Parque Nacional Natural posee 150 lagunas de montaña. El río Laguni-
llas entrelaza las lagunas glaciares de La Parada, La Pintada, La Cuadrada
y La Atravesada. La Laguna Grande de la sierra se encuentra a los pies
de siete picos nevados y la de La Plaza está en medio de un espectacular
anfiteatro lítico.

Acuario, islas del Rosario, Bolívar

Fundado hace más de 15 años, está ubicado en la isla de San Martín de
Pajarales y cuenta con más de 40 especies de fauna marina, entre las que
se cuentan delfines, tiburones, meros, rayas, peces sierra y tortugas gigan-
tes. El acuario promueve importantes campañas en pro de la ecología.

Termales, volcán del Puracé

Situado en el corazón del Macizo Colombiano, el Parque Nacional Natural Puracé cuenta con dos tipos de aguas termales: las aguas azufradas y ácidas del río Vinagre y las aguas salinas y también azufradas en los afloramientos de Pisimbalá que llegan a tener temperaturas hasta de 22 ºC.

Manizales, Caldas

Detalle de *Bolívar cóndor*, escultura del maestro Rodrigo Arenas Betancourt. Es un monumento fundido en bronce con basamento de concreto de 18 metros de alto, ensamblado entre 1985 y 1986. Se halla en la plaza de Bolívar donde se encuentran, entre otros edificios, la catedral y la gobernación.

Esmeraldas, Boyacá

La palabra esmeralda viene del latín *smaragdus* que significa verde. Es reconocida mundialmente la calidad de nuestras esmeraldas por su pureza, color y tamaño. Las principales vetas esmeraldíferas se encuentran en Muzo y Coscuez, en Boyacá, y en Cundinamarca en la zona de Chivor y Gachalá.

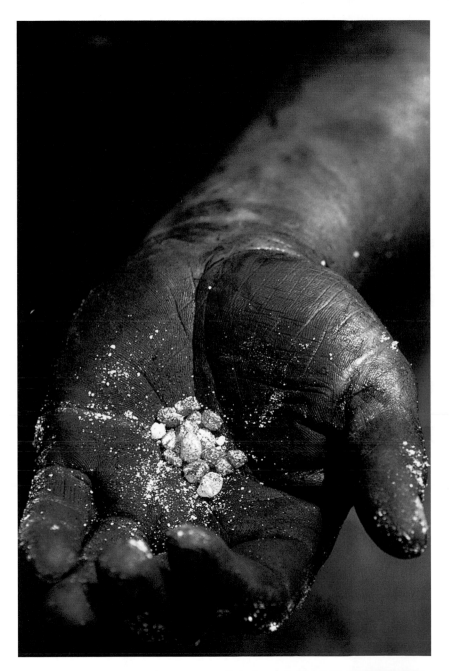

Catedral de Sal, Zipaquirá

Los chibchas obtenían sal desecando las aguas saladas que manaban
de la montaña. En 1801, Humboldt aconsejó la explotación bajo tierra
que se llevó a cabo en ese siglo. La catedral está construida en el interior de las minas y es considerada como uno de los logros arquitectónicos y artísticos más notables de la ingeniería colombiana.

Alumbrado navideño, Medellín

El río Medellín es iluminado durante las fiestas de diciembre como parte
del espectáculo de luces y colores que organiza EE.PP.M. —Empresas Públicas de Medellín. Este "trabajo de filigrana" se logra con miles de kilóme-
tros de cableado, estructuras metálicas, angeo, proyectores y bombillos.

Bahía Solano, Chocó

El golfo de Cupica tiene forma de C invertida. Bahía Solano está en el extremo sur y allí se ubica el pueblo llamado también Ciudad Mutis. Se sitúa en un feraz valle pluvial bajo, flanqueado por las estribaciones de la serranía del Baudó y es uno de los más bellos sitios turísticos del país.

Islas de San Bernardo, Córdoba

Este archipiélago se sitúa frente a Tolú, al sureste del golfo de Morros-
quillo y lo conforman 10 pequeñas islas originadas a partir de arrecifes,
algunas de cuyas partes emergieron. Las islas apenas sobresalen del mar
y están pobladas por manglares y vegetación tolerante a la salinidad.

Aguas termales de Guaicaramo, Barranca de Upía, Meta

El primer conquistador en pisar los llanos orientales fue el alemán Jorge Spira quien, en 1536, tuvo que esperar ocho meses en las barrancas del río Upía, para que sus crecientes lo dejaran pasar. Camino real, ruta ganadera, fue paso obligado en las guerras de Independencia y de los Mil Días.

Laguna Verde, volcán Azufral, Nariño

Esta impresionante laguna colma el cráter del volcán Azufral con aguas ácidas, hirvientes y heladas al mismo tiempo y emite vapores sulfurosos. A 3 765 m.s.n.m. la rodean arenales blancos y azufreras. A los pies del volcán se encuentran el altiplano y la ciudad de Túquerres de la que dista 12 km.

Extracción de oro, Chocó

El Chocó es el principal productor de oro y platino del país. Desde el siglo XVI, la explotación del oro fue la principal actividad económica a la que se vincularon, en calidad de esclavos, los afroamericanos en la Nueva Granada. Hoy conviven la extracción manual y la industrial con modernas dragas.

Fuente Lavapatas, San Agustín, Huila

El Parque Arqueológico se halla en las montañas del Huila, es el mayor testimonio prehistórico del país. La fuente de Lavapatas es un monumento de carácter mágico-religioso, labrado en la piedra del lecho de la quebrada. El agua, en sus pasos, saltos y remansos, recorre canales, piletas y figuras zoomorfas.

Capitolio Nacional, Bogotá

Esta sobria y elegante columnata separa a la plaza de Bolívar del patio
Mosquera y sirve de entrada al conjunto del Capitolio. Por iniciativa
del presidente general Tomás Cipriano de Mosquera, la construcción
del edificio se encargó al arquitecto danés Thomas Reed en 1846 y fue
concluida en 1926.

Palacio de la Inquisición, Cartagena

Es el mejor ejemplo de la arquitectura civil barroca del siglo XVIII. La fachada, con imponente portón de piedra, rejas en el entresuelo y balcones en la parte alta, ocupa todo un costado de la plaza de Bolívar. Es sede de la Academia de la Historia, el Museo Histórico y el Archivo de la ciudad.

Panadería, Bucaramanga, Santander

La tradición panadera bumanguesa parece provenir, según algunos investigadores, de la emigración alemana que hubo hacia Santander en el siglo antepasado. Los amasijos, panes y arepas de la región tienen su toque peculiar y su cocina tiene la reputación de ser una de las más elaboradas del país.

Secado de café, Bolombolo, Antioquia

Esta etapa del proceso busca disminuir la humedad del grano, para que se pueda almacenar de manera segura. Se hace de manera mecánica y también manual aprovechando la energía del sol y del aire. El café se reparte sobre elbas en capas de pocos centímetros y se revuelve por lo menos cuatro veces al día.

Cementerio Jardines de Paz, Capilla, Medellín

Fue diseñado por los arquitectos Felipe Uribe, Mauricio Gaviria y Héctor Mejía. Recibió el premio de proyecto arquitectónico en la Bienal Colombiana de 2000. En la capilla de la Asunción la luz cenital se combina con el concreto blanco, el vidrio y el hierro para convertirse en material simbólico.

Edificio EE.PP.M., Medellín

El grupo EE.PP.M. de Medellín inauguró en
1997 esta nueva sede conocida como "edificio
inteligente", una construcción sistematizada,
donde se administra el grupo empresarial
de servicios públicos más grande del país.
El diseño es de Marco Aurelio Baquero, Carlos Julio y Carlos Eugenio Calle.

Isla de Malpelo

La isla principal de este archipiélago, que emerge desde más de 4 000 metros de profundidad, en el cerro de la Mona llega a 300 m.s.n.m. Está rodeada por 11 islotes: los Cuatro Mosqueteros, en el extremo norte; Vagamares y La Torta en el oriente y cinco en el extremo sur: los Tres Reyes, La Gringa y Escuba.

Desierto de La Tatacoa, Huila

El desierto se ubica a 40 km de Neiva, en el municipio de Villavieja sobre la margen derecha del río Magdalena. Su área es de 330 km² y tiene sitios de interés paleontológico y arqueológico. Por sus condiciones climáticas y su ubicación es un "balcón natural" para la observación astronómica.

Ranchería wayuu, Maicao, Guajira

Ranchería es un asentamiento tradicional wayuu de cinco o seis casas, corral para chivos y huerta. Las casas (*piichi* o *miichi*) son cuadradas o semicirculares, con paredes de bahareque o argamasa y los tejados hechos de yotojoro, corazón seco del cactus, aunque el uso del zinc se ha extendido.

Quibdó, Chocó

El río Atrato es no sólo la vía de comunicación por excelencia de Quibdó, sino también fuente inagotable de recursos alimenticios. En la zona rural de la ciudad se pescan sardinas, guacuco, mojarra, micuro y rollizo. El Atrato es uno de los ríos más caudalosos de Colombia y del mundo.

Parque Nacional Natural de La Macuira, Guajira

La serranía de La Macuira es un oasis verde en medio del desierto de La Guajira. Aquí existe un asombroso contraste de ecosistemas en un área muy pequeña: bosque nublado enano perennifolio, bosque ripario de árboles de gran altura en los arroyos, bosque seco caducifolio y semidesierto.

Cabo de la Vela, Guajira

Es el extremo más septentrional de América del Sur. Según las creencias wayuu en este lugar está "el camino de las almas", por donde los espíritus de los guajiros inician su camino después de la muerte hacia lo desconocido. Obligado destino turístico, su playa está entre el desierto y el mar.

Taminaca, Sierra Nevada de Santa Marta, Magdalena

Este poblado se halla en el valle del río Palomino en las estribaciones septentrionales de la Sierra Nevada y funge como uno de los centros ceremoniales y comunitarios del pueblo kogui, considerado como el heredero directo de las ciencias taironas. Una cerca sirve de lindero al conjunto de casas circulares.

Fábrica de campanas, Nobsa, Boyacá

Tres productos han dado fama al municipio boyacense: su industria vinícola que, poco a poco, ha avanzado en su perfeccionamiento, la calidad de sus ruanas y la fabricación de campanas: un proceso artesanal desde el molde, hecho a mano, hasta el fundido en un bronce especial a 1 200 ºC.

Patio Núñez, Capitolio Nacional, Bogotá

El patio es obra de Mariano Sanz de Santamaría. Se inició en 1911 y fue
inaugurado bajo el mandato de Marco Fidel Suárez. Desde este patio
se ven el edificio nuevo del Congreso y la plaza de armas de la Casa
de Nariño. Le da nombre a este patio el bronce del presidente Rafael
Núñez, obra del artista antioqueño Francisco A. Cano.

Casa de Nariño, Bogotá

En el lugar donde hoy se levanta la residencia presidencial se ubicaba la casa natal del precursor Antonio Nariño. Fue casa de mandatarios desde la época de Rafel Reyes, alternativamente con el palacio de San Carlos. El edificio que vemos hoy, incluyendo la fachada, es de estilo neoclásico y fue inaugurado en 1980.

Telar vertical o alto liso, Bucaramanga, Santander

El telar artesanal consta de dos travesaños unidos a dos largueros, a los
que se envuelve la trama de hilos. Para tejer se encañuela o enrollan
los hilos de la tejedura en un palito o lanzadera, y se pasa de lado a lado
de la trama. Una paleta de madera o macana, acerca los hilos tejidos.

Torno cerámico, Ráquira, Boyacá

La técnica fue traída por los españoles. La arcilla fresca se amasa para expulsar burbujas. Luego se coloca centrada en el torno que puede ser eléctrico o de pedal. Mientras gira, una mano lo mantiene centrado y la otra levanta la arcilla y da forma, siempre manteniendo la humedad.

Taller de ebanistería, Pasto, Nariño

En la época precolombina los aborígenes de esta región ya eran famosos por su maestría en el uso del mopa-mopa o barniz de Pasto. Durante la Colonia, por la influencia de los imagineros quiteños, eran reconocidos sus talladores de madera y ebanistas. Hoy en día, el oficio se transmite de padres a hijos.

Fábrica de sillas de montar, Belén, Nariño

La fabricación de una silla de montar se inicia con la talla del fuste en madera. Luego se forra en cuero mojado que, al secarse, se recoge y le da solidez a la pieza. Se refuerza con hierro en la horqueta y en la cabeza de la montura, y se pegan las argollas para la grupa y los estribos.

Mezcla audaz en la que predominan el rojo y el verde, sin perder nunca de vista la recurrente aparición del naranja, el color café es la conjunción de incontables prodigios. Confortable y severo, este color se encuentra asociado con la masculinidad. Con una refinada sugestión que se mueve entre la gravedad y el equilibrio, evoca también un ambiente otoñal. A lo mejor porque es el color de la tierra que cada uno pisa, es indudablemente un color realista. En la conflictiva y en muchas ocasiones inexpugnable materia de los sueños, este color representa libertad, éxito, dinero, felicidad y relaciones duraderas. Etimológicamente su nombre proviene del italiano *caffe*. El café se puede ver en las figuras del Parque Arqueológico de San Agustín, en la serranía de La Macuira, en la fábrica de campanas de Nobsa o en la fábrica de productos típicos de Neiva. También en los trapiches de Consacá, en el desierto de La Tatacoa o en los secaderos de café de Bolombolo.

Colombiamoda, Medellín

Es la feria de moda y diseño más importante del país. Se celebra en el mes de julio, desde 1989, en el centro de convenciones Plaza Mayor de Medellín. Se realizan desfiles, exhibiciones y ciclos de conferencias sobre el tema. En enero se realiza Colombiatex, salón de negocios del sector textil.

En Antioquia sólo existían precarios caminos llenos de barro, que únicamente las mulas y sus arrieros podían recorrer. Eran hombres fuertes que transportaban mercancías, colonizaban tierras y fundaban pueblos. Hoy el oficio continúa en zonas de Antioquia donde aún no existen carreteras.

Estrecho del Magdalena, Huila

El río nace en la laguna de la Magdalena, en el páramo de las Papas, donde se dividen las cordilleras Oriental y Central, a 3 350 m.s.n.m. Ya en la zona de San Agustín el río debe pasar por una estrecha garganta de piedra conocida como estrecho del Magdalena de un mínimo de 2,20 metros de ancho.

Raudal de Maipures, río Orinoco, Vichada

Humboldt lo llamó la Octava Maravilla del Mundo y es el núcleo del Parque Nacional Natural Tuparro. A lo largo de seis km, el Orinoco forma rápidos, trombas y chorreones que impiden la navegación. Según la leyenda fue creado por la indiecita Mapiripana para impedir la huida de su amado.

Manglar, ensenada de Utría, Chocó

Es considerada patrimonio mundial por su riquísima diversidad biológica y por las especies endémicas que la habitan. Una tercera parte de su área total es marina. Ubicada en el océano Pacífico, es Parque Nacional Natural desde 1987. La serranía del Baudó la limita y de ella provienen sus ríos.

Ladrillera artesanal, Tierradentro, Huila

Desde el antiguo Egipto, los ladrillos elaborados con barro, son el principal material de la construcción y su fabricación ha cambiado muy poco en los últimos siglos. Una vez moldeados se ubican en los hornos abrasadores donde una cañería conduce el fuego hasta la cámara donde se cocinan los ladrillos.

Hipogeo, Tierradentro, Huila

Los hipogeos son tumbas prehispánicas talladas en el subsuelo, a una profundidad de nueve metros. Un pozo con escalera de caracol lleva al interior. Cámaras, techos y columnas están decoradas con diseños geométricos y figurativos de varios colores: rojo, negro, naranja, gris, morado y amarillo.

Hay varias teorías sobre el origen de esta cultura: Desde influencias olmecas y de Teotihuacán, hasta que fue la matriz desde donde se irradiaron las culturas del sur y del norte. A la llegada de los españoles ya había desaparecido la cultura que los creo y los habitantes desconocían los orígenes de estas piedras.

Aeropuerto de Rionegro, Antioquia

Hacia 1980 fue evidente que Medellín necesitaba un aeropuerto distinto al Olaya Herrera. El 29 de agosto de 1985, se inauguró el aeropuerto José María Córdova, situado a 2 137 m.s.n.m. y a 35 km de la urbe. Su enorme domo acoge salida y llegada de pasajeros, restaurantes y comercio.

Sierra Nevada de Santa Marta

Es el grupo montañoso más alto del país. Adelante el pico Ijka y, tras la nube, el pico La Reina. Es el sistema orográfico más alto del mundo no perteneciente a una cadena montañosa y al lado del mar. La habitan indígenas koguis, arhuacos y arsarios que han logrado mantener sus tradiciones milenarias.

Desparasitación de ganado, llanos orientales

Los animales jóvenes son más susceptibles a la garrapata o ácaro ecto-
parásito, y en ellos los efectos son notorios, hasta afectar el desarrollo
óseo y el crecimiento. Hay razas que resisten más ciertos parásitos: el
ganado blanco orejinegro tolera mejor el ataque del nuche y el cebú
el de la garrapata.

Potros, llanos orientales

El caballo es símbolo de vida y de libertad para el llanero. Desde la gesta de la independencia, cuando gracias a la participación de las tropas de lanceros llaneros los ejércitos republicanos ganaron batallas como la del Pantano de Vargas y Boyacá, hasta la cotidianeidad en la que, montados en sus animales, vaquean de sol a sol.

Isla de Providencia

Los españoles descubrieron la isla hacia 1500; luego, fue refugio de piratas holandeses e ingleses y, en el siglo XVII fueron traídos esclavos de raza negra para trabajar en los cultivos de tabaco y algodón. De allí que los isleños, descendientes de estos, tengan habla inglesa y religión protestante.

Calle de Barichara, Santander

Las calles, templos y el cementerio de este pueblo están construidos con piedra amarilla. La nave de la catedral de la Inmaculada Concepción está sostenida por 10 columnas monolíticas labradas en piedra, de cinco metros de altura. Por el buen estado de conservación, el centro histórico es monumento nacional desde 1978.

Herraje de caballos, Llanos Orientales

Los cascos del caballo crecen dos cm al mes, por ello deben ser recortados periódicamente. Para darle fortaleza e impedir que se raje, se desgaste o los afecte la humedad, se colocan las herraduras. Para un buen cuidado se deben limpiar a diario. Un casco seco y limpio evita enfermedades y malas posturas.

Vaquería, llanos de Casanare

Al manejo, cuidado y traslado de ganaderías en busca de frescos pastizales, cruzando cañadas y arroyos, a lomo de caballos criollos se le llama vaquería. Esta labor, que tiene sus propias músicas como el galerón o el joropo y sus propios códigos, se constituye en toda una forma de vida.

Pictograma, Parque Nacional de La Macarena

Aquí se encuentran los sitios arqueológicos Angostura I, con petroglifos de figuras geométricas, y Angostura II que también tiene pictogramas. En ambos sitios hay pictogramas antropomórficos, zoomórficos y antropozoomórficos. Poco se sabe de sus autores, pero sí se sabe que fue un sitio ceremonial.

Indígenas yagua, Amazonas

Los poquísimos yagua que aún existen se ubican en ambos lados del río Amazonas en el Perú y Colombia. Familias extensas vivían tradicionalmente en malokas comunales. Hoy en día habitan casas individuales construidas sobre pilotes y distribuidas alrededor de la escuela o el campo de fútbol.

Indígenas yagua, Amazonas

Los yaguas practican la caza, que tiene un gran significado simbólico y ritual, la pesca, la recolección y cultivan yuca dulce, maíz, taro, caña, frutales y tabaco en pequeñas cantidades. En los últimos años, la pesca tiende a convertirse en la actividad económica más importante.

Ticunas, Amazonas

La etnia ticuna es una de las de mayor representación en la región amazónica colombiana, aunque también habitan amplias zonas en Brasil y Perú. Son excelentes cazadores y sus artesanías en madera son muy apreciadas. Para los ticuna la interrelación naturaleza-cultura teje el sistema social.

Museo Nacional de Colombia

Rotonda del tercer piso del museo, antigua carcel panóptico. Entrada a la sala República de Colombia, ideologías, arte e industria. Exhibidas en la parte de arriba, *Pescadores del Magdalena* de Alipio Jaramillo y, abajo de izquierda a derecha, pinturas de Luis Alberto Acuña, Alejandro Obregón y Carlos Correa.

Iglesia de la Inmaculada Concepción, Manizales

Está situada en el parque Caldas. Se colocó la primera piedra en 1903 y fue inaugurada el 24 de marzo de 1921. Construida en estilo neogótico, tiene planta de cruz latina, tres naves y ábside. Está ornamentada con profusión en madera de cedro ricamente trabajada por ebanistas de la ciudad.

Fiel representante del poder y el misterio, el enigmático color negro está definido por la ausencia de luz y color. Aunque ha sido siempre asociado con el miedo y lo desconocido, representa no obstante autoridad, fortaleza e intransigencia. Es el color de la elegancia, de la seducción, del silencio, de *El cuervo* de Edgar Allan Poe, del mal, de lo clandestino, de la tristeza y la desventura, del enfado y la irritabilidad. Imprescindible en casi toda composición, en nuestra cultura es también el color de la muerte y del luto. Etimológicamente su nombre proviene del latín *niger*. El negro se encuentra en las aguas torrenciales de los mares que anteceden a la tempestad, en las teclas de un piano o en la estatua de un prócer de la patria. Igualmente en las cúpulas de algunas catedrales, en el conjunto imponente de diversas especies, en los ojos profundos de los osos o en la legendaria avenida Jiménez.

Manaure, Guajira

Eduardo Zalamea llamó a La Guajira "Tierra de sed ardiente, de besos extenuantes, de sol agobiador, de misterio impreciso". Arturo Camacho Ramírez dijo que aquí "el viento se desata como lengua impalpable en la salina, robando su sabor que nos envuelve con un rastro de cálidas espinas".

Archivo de Bogotá

Obra del arquitecto Juan Pablo Ortiz, el Archivo se inauguró el 6 de agosto de 2003. Se ubica en el barrio Belén y en él se conservan todos los documentos escritos, cartográficos y audiovisuales relacionados con la urbe. Entre sus fondos están los de las empresas distritales de transporte.

Oropéndola

Ave casi endémica en el territorio colombiano. Usualmente vive en grupos. Suele anidar en grandes árboles como el yarumo en los que teje nidos similares a los de la mayoría de los ictéridos coloniales o mochileros colombianos, llamados así por la forma de bolsa alargada característica del nido.

Ensenada de Utría, Chocó

Es considerada patrimonio mundial por su riquísima diversidad biológica y por las especies endémicas que la habitan. Una tercera parte de su área total es marítima. Ubicada en el océano Pacífico, es Parque Nacional Natural desde 1987. La serranía del Baudó la limita y de ella provienen sus ríos.

Escultura de la cultura San Agustín, Huila

El parque es de los más importantes sitios arqueológicos del país y de América. Esta escultura tiene una cara atípica, tal vez es una máscara y las manos están en posición inusual. Se halla en la Mesita C de la necrópolis que, aunque no tiene templetes como las otras, sí posee estatuas de fino acabado.

Situado en el Urabá antioqueño, a 200 metros de la playa, es producto de la emisión de fango caliente, debida a la alteración de las rocas del subsuelo, arcilla, vapor de agua y gases magmáticos. Flotar en las burbujas tibias de barro y lavarse después entre las olas del mar, es una experiencia única.

Cráter del volcán Puracé, Cauca

Este volcán activo, cerro tutelar de Popayán y de míticas erupciones, es el pico ubicado más al norte de la serranía de los Coconucos, la cual está conformada por numerosos cráteres de sonoros nombres indígenas como Chuliquinga, Shaka, Machancara y Amancay, entre otros.

Río Sinú, Sucre

Después del río Magdalena es el mayor tributario del caribe colombiano. Nace en el nudo de Paramillo y desemboca en la bahía de Cispatá. Con 345 km de longitud, su puerto principal es Montería. La hoya del Sinú, que cuenta con la represa de Urrá, es rica en ganado y es de las más fértiles del país.

Sierra Nevada del Cocuy

Es la mayor masa glaciar del país. Aquí nacen ríos que, en su vertiente occidental nutren al Chicamocha y en la oriental al Casanare y al Arauca. El pico Pan de Azúcar a la derecha entre las nubes con 5 100 m.s.n.m., es el más alto de la cordillera Oriental. A su lado se aprecia con su particular forma cúbica el Púlpito del Diablo de 4 900 m.s.n.m.

Valle de La Cocora

Sin duda, la palma de cera *Ceroxylon quindiuense* es la especie más vistosa del valle. De las 11 especies *Ceroxylon* que crecen en los Andes, siete se encuentran en Colombia. Sus frutos rojos son alimento del loro orejiamarillo (*Ognorhynchus icterotis*). Ambos están al borde de la extinción.

Fuerte de Tolemaida, Melgar, Tolima

En 1954 el presidente general Rojas Pinilla ordena la construcción del fuerte de Tolemaida a orillas del río Sumapaz. Allí operan varios batallones del ejército, las escuelas de lanceros y de paracaidismo, la décima brigada del ejército y el aeropuerto militar Gustavo Rojas Pinilla.

Parque Nacional Natural Puracé

Es parte del Macizo Colombiano o nudo de Almaguer. Es la estrella hidrográfica de la que nacen los ríos Patía, Magdalena, Cauca y Caquetá. En su amplia zona de páramo dadas sus peculiares circunstancias climáticas presenta múltiples endemismos como el frailejón o *Espeletias*, chusques y pajonales.

Plaza de Bolívar, Bogotá

Es el corazón político e histórico de la ciudad. Se encuentran allí el Palacio de Justicia, el Palacio Liévano sede de la Alcaldía distrital, la catedral Primada, la capilla del Sagrario, el Palacio Arzobispal y el Capitolio Nacional. Desde 1846 se erige en su centro la estatua del Libertador Simón Bolívar, obra de Pietro Tenerani.

Festival Internacional de Cometas, Bogotá

Forma parte del Festival de Verano, la fiesta más importante del tiempo libre que se celebra en la ciudad. En el mes de agosto cometistas de diferentes países se dan cita en los parques para elevar sus creaciones. Simultáneamente, los bogotanos llenan el cielo capitalino de hilos y cometas.

Corralejas, Sincé, Sucre

La fiesta en corraleja la conforman peleas de gallo, reinados populares, cabalgatas y fandangos. Su origen es religioso: se celebra el 20 de
enero en honor del dulce nombre de Jesús. Estas fiestas son, desde el
siglo XIX, una de las tradiciones culturales y folclóricas más importantes del departamento.

Parque Nacional Natural La Planada, Nariño

El oso de anteojos *Tremarctos ornatus* habita en el Bosque de Niebla. Es muy tímido, gran trepador, mayormente vegetariano y, además de ser el mamífero más grande después del tapir, es el único oso de América del Sur. Se encuentra en vía de extinción por la deforestación excesiva y la cacería.

Plaza de San Martín, Centro Internacional, Bogotá

El monumento a José de San Martín es copia de la escultura del francés Joseph-Louis Daumas que se encuentra en la plaza San Martín de Buenos Aires. Fue erigida en 1941 y está ubicada en la calle 32 donde confluyen la carrera 7ª y la carrera 13, frente al Centro Internacional Bavaria y diagonal al Museo Nacional de Colombia.

Monumento a la Raza, La Alpujarra, Medellín, Antioquia

Es obra de Rodrigo Arenas Betancourt. Fue construida entre 1979 y 1986, en bronce y concreto y mide 38 metros de altura. Evoca la epopeya paisa, raza que emerge de la tierra para culminar, en su cúspide, en un movimiento en espiral, proyectándose al infinito, en la búsqueda de la unión con Dios.

Ballena jorobada, océano Pacífico

El mar de Gorgona es un verdadero laboratorio viviente. Es frecuentado por delfines, marsopas, cachalotes y en los meses de verano, por la yubarta o ballena jorobada que llega a la isla para la reproducción y el apareamiento. Colombia ejerce una celosa vigilancia para preservar este espectáculo natural.

Parque Nacional Natural Gorgona, Cauca

Esta isla está situada a 36 km de la costa pacífica. Fue tierra de caciques, aventureros, conquistadores, soldados, criminales y sabios. Su pasado es casi tan rico como su biodiversidad. Más de 25 quebradas riegan la isla que posee bosques, acantilados, playas y rocas emergentes, sin contar con su universo submarino.

Parque Jaime Duque, Sopó, Cundinamarca

Una enorme cabeza de un Tiranosaurus Rex es la entrada al Jardín de los Dinosaurios, una de las atracciones de este parque temático. En el interior de un gigantesco brontosaurio de 34 metros de largo por 14 de alto, mediante pinturas, se explica el desarrollo y desaparición de estos seres hace millones de años.

Cuadrillas de San Martín, Meta

El misionero español Gabino de Balboa creó en 1735 una versión de los juegos que hacían los nativos achagua. Las cuatro cuadrillas de moros o árabes, galanes o españoles, guahíbos o indios y cacheros o africanos, ejecutan 10 juegos ecuestres de gran calidad artística, ritmo y colorido

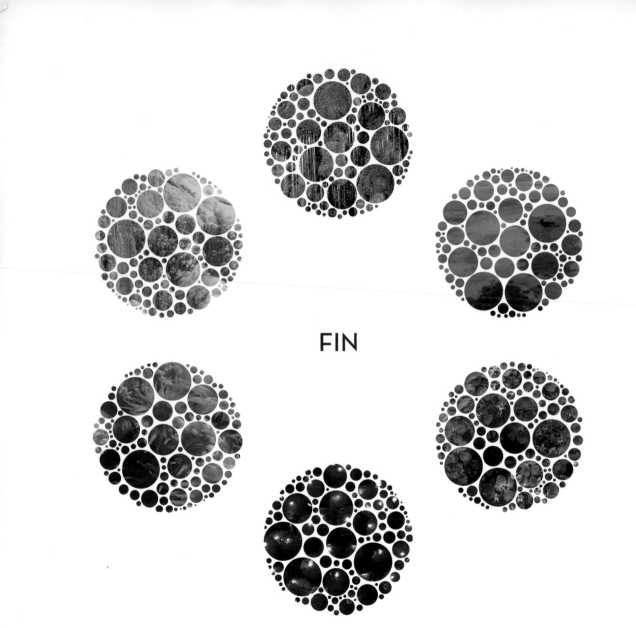

FIN